信州の
菜食健美
(さいしょく けんび)

シニア野菜ソムリエ　NAHO

しなのき書房

はじめに

　「こうやって食べるとおいしいよ」「こんなところに気を配って栽培しています」「じつはこの野菜、こんな花が咲くんだ」と、新たな発見は楽しいものです。

　農家さんにとっては当たり前のことでも、私たちにとっては驚くことがたくさんあります。おいしい作り方、農場の風土や環境、生産者のこだわりや思いを知ることで、より野菜や果物に愛着がわき、ますますおいしく感じられることもあります。情報を付加することで、野菜・果物の価値が高まると思います。

　人間の体は、食べ物でできています。ですが、「健康にいいから野菜・果物を食べなきゃ」ではなく、なによりも「おいしそう、楽しそうだから食べたい」と思ってもらうことで、食や農業に興味を持ってもらえればと思います。

　大勢の農家さんと出会い、私自身ももっともっと野菜・果物や、それを作っている農家さんが大好きになりました。そして、より元気にちょっぴりスリムになりました。今は毎日、野菜・果物に囲まれて幸せな日々を過ごしています。野菜・果物を「育てる」「食べる」「飾る」「贈る」「撮る」「買う」「売る」「学ぶ」……、さまざまな楽しみ方をしています。

私の住む信州（長野県）は長寿日本一。野菜の摂取量も全国1位です。食が健康長寿の信州を育んだといっても過言ではありません。長野県では信州の豊かな風土から生まれた食を「おいしい信州ふーど（風土）」ブランドで発信しています。私も「おいしい信州ふーど（風土）」公使のお役目をいただき、その魅力を発信しています。

　この本は、長野市民新聞「NAHOのやさい百科」で掲載、信越放送「NAHOの信州産で菜食健美」で紹介したものをベースとして、さらに加筆しました。私が農家さんからお聞きしたとっておきの話や、野菜・果物の特性を活かした簡単レシピや野菜・果物の楽しみ方を詰めこんでいます。とくに長野県で栽培されている農産物を中心にまとめてありますので、どうぞ心ゆくまで長寿日本一の恵みをお楽しみください。

　みなさんが食べていた野菜・果物が今まで以上においしく感じられることを願って。菜食健美！ハッピーなベジフルライフのスタートです♪

sai	vegetable and fruit
shoku	eat
ken	healthy
bi	beauty

- 002 はじめに
- 006 信州の農産物について

春・夏野菜 ･････････････ 008

Spring & Summer

- 010 アスパラガス
- 012 きゅうり
- 014 パセリ
- 016 ほうれんそう
- 018 レタス
- 020 セルリー
- 022 たけの子（根曲り竹）
- 024 玉ねぎ
- 026 白菜
- 028 トマト
- 030 ブロッコリー
- 032 カリフラワー
- 034 ズッキーニ
- 036 大根
- 038 キャベツ
- 040 オクラ
- 042 かぼちゃ
- 044 じゃがいも
- 046 なす
- 048 ピーマン・パプリカ
- 050 とうもろこし

052 NAHOの野菜・果物の楽しみ方

秋・冬野菜 ･････････････ 056

Autumn & Winter

- 058 長ねぎ
- 060 にんじん
- 062 ごぼう
- 064 里いも
- 066 さつまいも
- 068 わさび
- 070 野沢菜
- 072 山いも（長いも）
- 074 水菜
- 076 れんこん

078 受け継がれる伝統野菜

果物 ・・・・・・・・・・・・・・・・・・・・・・・・ 086

Tree nuts & Fruit

- 088　さくらんぼ
- 090　あんず
- 092　ブルーベリー
- 094　プルーン・プラム
- 096　桃
- 098　りんご
- 100　梨
- 102　クルミ
- 104　ぶどう
- 106　いちご

108　NAHOのお気に入り

きのこ ・・・・・・・・・・・・・・・・・・・・・・・・ 112

Mushrooms

- 114　えりんぎ
- 116　えのきたけ
- 118　ぶなしめじ
- 120　なめこ

122　NAHOの野菜をたくさんおいしく食べるコツ

126　伝えるということ、おいしいということ
128　野菜・果物のパワー ── 栄養の話
130　野菜ソムリエについて

134　おわりに

※ 本文中に出てくる生産量全国シェア順位は、平成27年3月末現在のデータです。
※ レシピ中のホットケーキミックス、ベーキングパウダーはアルミフリーのものがおすすめです。
※ レシピ中の大さじ1は15ml、小さじ1は5mlです。
※ オリーブ油は、エクストラバージンオイルを使用しています。

信州の農産物について

レタス、白菜、セルリー、アスパラガス、トマト、野沢菜などの野菜。
りんご、ぶどう、桃、あんず、ブルーベリーなどの果物。
米、そば、大豆などの穀類。
それにきのこも。信州では数多くの農産物が栽培されています。

　長野県（信州）は、212kmと南北に長い県。日本列島のちょうど真ん中に位置します。面積は日本の中で4番目の広さになります。
　長野県民なら誰でも歌えるという「信濃の国」という県歌があります。その歌詞の1番には松本・伊那・佐久・善光寺という4つの盆地が出てきますが、これが現在の北信（善光寺盆地）、東信（佐久盆地）、中信（松本盆地）、南信（伊那盆地）いう呼び名の根源かといわれています。北信から南信まで行くのに半日も要することもあり、気候もずいぶん異なります。それほど広いのです。

　美しい山々が連なる信州、厳しい冬に降り積もった雪が清らかな雪解け水となり大地を潤します。全国では5％という標高500m以上の農地が、長野県は80％。全国トップクラスの日照時間の長さ。空気は澄み、さんさんと太陽が降り注ぎ、昼夜の寒暖差が大きく、おいしい野菜や果物、米が育まれます。標高260m～1490mまで広がる耕地。広い面積と変化に富んだ地形と気象、標高差で、バラエティー豊かな農産物が栽培されています。産地リレーの連続出荷も可能です。熱帯果樹類を除くほとんどの作物が栽培できるといっても過言ではありません。さらには、信州人の先進性と勤勉性、研究熱心な気質が農業技術を向上させ、野菜や果物をさらにおいしく見事なものに育てあげてきました。

　土地ごとに気候風土を活かした味わい深い多種多様な農産物。しかも生産量全国トップシェアを誇るものが数多くあります。信州の自然が育んだ日本一の恵みを存分にお楽しみください。

　長野県ではこれらの農産物に畜水産物を加えた食べ物を「プレミアム」「オリジナル」「ヘリテイジ」の3つの基準で厳選し、統一ブランド「おいしい信州ふーど（風土）」として県内外に魅力を発信しています。

桃の木と北信の山々【須坂市】

長野県の
生産量全国シェア
上位品目

(まつたけは出荷量)
平成27年3月末現在

全国シェア1位（21品）
レタス、セルリー、パセリ、わさび、
ズッキーニ、漬け菜（野沢菜）、
ネクタリン、プルーン、
ブルーベリー、まるめろ・かりん、
クルミ、干柿（市田柿）、
ワイン向けぶどう、えのきたけ、
ぶなしめじ、えりんぎ、まつたけ、
ます類（養殖）、みそ（加工品）、
寒天（加工品）、凍り豆腐（こうや豆腐）

全国シェア2位（10品）
白菜、りんご、ぶどう、西洋なし、
あんず、なめこ、そば、
ジュース用トマト、
薬用にんじん、はちみつ(H24)

全国シェア 3位（4品）
アスパラガス、長いも、桃、
醸造用玄米（酒米）

Spring & Summer

春・夏野菜

春

春の訪れの遅い信州。待ちわびた春には、冬の厳しい寒さを耐えしのんだ山菜たちが香り豊かに顔を出します。信州の春野菜の代表アスパラガスが、地面を元気よく突き上げます。

夏

トマト、きゅうり、なす、ピーマン……家庭菜園でも採れ過ぎて、あちこちでおすそ分けの光景が見られる季節。太陽の恵みを受けた夏野菜は生命力にあふれています。冷涼な高原ではレタス、白菜、キャベツがシャキッとさわやかに育ちます。

アスパラガス

春を告げる活力野菜

信州での旬
1〜9月
ハウス・露地

Spring & Summer

選び方

穂先がしまっているもの。茎が細く曲がっているものは味が落ちます。

保存方法

ビニール袋に入れて、冷蔵庫の野菜室に立てて。寝かせると立ち上がろうとしてエネルギーを消費し、旨味も落ちます。アスパラをまとめているテープや輪ゴムも取ってください。たくさんあるときは、さっと湯がいて冷凍しましょう。

　長野県の生産量は全国トップクラス。グリーンが主流ですが、ホワイトやムラサキもあります。ねぎと同じように、土をかぶせて日に当たらないように栽培したのがホワイトアスパラガスです。

　アスパラガスを食べるとおしっこが臭(にお)うことがあります。この原因は揮発性硫化物の一種。腸内たんぱく質の分解産物で、アスパラガスを食べると尿に排泄(はいせつ)されるので、尿が臭くなります。

　アスパラガスは、古代ギリシャ語で「スズメの巣」という意味。収穫後の伸びた茎先の細かい葉（じつは茎）が、「スズメの巣」に見えるのが由来。その後、白い小さな花が咲きます。私の祖母によると、昔はかすみ草ではなくアスパラガスとカーネーションを合わせて花束にしていたそうです。花のあとには赤い実がなります。

栄養

アスパラギン酸がたっぷり含まれ、新陳代謝を促し、疲労回復やスタミナ増強に効果があるといわれます。穂先に豊富に含まれるルチンは毛細血管を丈夫にし、血圧を下げる働きがあります。ムラサキアスパラガスの色素は、アントシアニン。ゆでると溶け出して緑色に戻りますので、紫色で食べたい方は新鮮な物を薄くスライスして、生でいただくのがおすすめ。

NAHO's Recipe

アスパラガスと鶏肉の炊きこみご飯

調理時間40分

炊飯器だけでできちゃう、ずくなしさんでもできちゃう炊きこみご飯!

材料:(4人分)

- 米…2合
- 鶏ひき肉…150g
- A
  - だし汁…360ml
  - 酒…大さじ2
  - しょうゆ…大さじ2
- アスパラガス…5本
- 温泉卵‥5個
- 塩…少々

how to

① 洗った米に鶏ひき肉をのせて、Aを加えて炊飯する。

② アスパラガスは5mm長さの小口切りにする。塩もみしておく。

③ 炊きあがったご飯にアスパラガスと温泉卵を崩さないように入れて10分蒸らし、よく混ぜる。

きゅうり

みずみずしい
サラダの必需野菜

信州での旬
4〜10月
ハウス・露地

 選び方

きゅうりの命はなんといっても鮮度！イボが痛いくらいにしっかりとしているものが新鮮。それから太さが均一のものがいいです。多少の曲がりは気にしなくても大丈夫。両端がやわらかいもの、しなびたものは避けましょう。

 保存方法

夏野菜なので寒さに弱いです。冬場は常温で保存。それ以外の時期は、ビニール袋に入れて冷蔵庫の野菜室で、へたの部分を上にして立てて保存。5℃以下に冷やすと低温障害が起こります。もっとも適した温度は10℃前後です。

きゅうりは、ヒマラヤ山麓が原産地といわれます。同じウリ科のかぼちゃやメロンは熟した実を食べますが、きゅうりは熟す前。きゅうりが緑色なのは未熟なうちに収穫しているからで、熟すとあざやかな黄色に。語源は、黄瓜から。

昔のきゅうりは、表面にブルームとよばれる白い粉がついていました。これは乾燥や病気から身を守るために野菜自体が生成する物質ですが、汚れや農薬などと間違えられ、現在はブルームレスが主流に。各地に伝統的な品種が数多くあり、長野県では伝統野菜認定の須坂市の八町きゅうりが有名。

レタス、トマトとともに、「サラダ御三家」のきゅうり。酢の物やサラダなど生で食べることが多いですが、蒸すと甘みが出ますし、炒めると青臭さと汁っぽさがなくなります。

酸味でさっぱりと！夏野菜と豚肉で夏バテ予防レシピ。

栄養

きゅうりの95％以上が水分。たっぷりの水分は夏の体を潤してくれます。生で手軽にバリバリと食べられるのがうれしいですね。注目の栄養素としては、むくみを解消させるカリウムが含まれています。体の中の要らないナトリウムを外に出すのを助け、血圧を正常に保つ働きがあります。とくにぬか漬けにするとカリウムの量が3倍に増え、ぬかのビタミンB_1も浸みこんで一石二鳥。

NAHO's Recipe

きゅうり入り酢豚

 調理時間15分

how to

① 豚肉は一口大に切り、ボウルに入れて、酒、しょうゆ、こしょうで下味をつけ片栗粉をまぶす。きゅうりは一口大の乱切りにする。玉ねぎはくし形に、パプリカは一口大に切る。

② フライパンにサラダ油を熱し、①の豚肉を入れて転がしながら焼く。全体に焼き色がついたら、きゅうり、玉ねぎ、パプリカを加え、さらに炒める。合わせたAを加え、煮からめる。

材料：（2人分）

- 豚肩ロース肉…200g
  下味…酒、しょうゆ各小さじ1
  こしょう少々
- きゅうり…1本
- 玉ねぎ…小1個
- 黄パプリカ…1個
- 片栗粉…大さじ1/2
- サラダ油…大さじ1
- A
  - 酢…大さじ3
  - トマトケチャップ…大さじ3
  - しょうゆ…大さじ1
  - 砂糖…大さじ1

パセリ

イメージは脇役、
栄養価は主役

信州での旬
5～11月  Spring & Summer

選び方

葉色が濃くツヤのあるもの、縮みが強いもの、茎がみずみずしく、ハリのあるものを選びましょう！

保存方法

ビニール袋に入れて冷蔵庫の野菜室に。コップに水を入れてさしたまま野菜室に入れてもよいでしょう。なるべく早くお召し上がりください。残ったパセリは、みじん切りにして乾燥させるか、冷凍して保存すると長持ちします。キッチンペーパーにパセリを広げて、電子レンジで乾燥させると簡単です。

　長野県はパセリの生産量全国1位。脇役のイメージが強いですが、その栄養価は抜群！ビタミン、ミネラルを多く含む緑黄色野菜です。私はキッチンガーデンで栽培していますので、手軽に摘んで必要なときに使っています。

　とはいえ、パセリを買ったけど余らせたことがありませんか？調理方法はたくさんあります。香りや味が苦手な方には、揚げ物や油料理がおすすめ。乾燥パセリにすると香りが控えめになりますので、ふりかけにしたり、ドレッシングに混ぜてもOK。フルーツと豆乳や牛乳とで、パセリスムージーにするとたくさんパセリを消費できます。

　縮み種「カーリーパセリ」に加え、味に癖がない平葉種の「イタリアンパセリ」も一般的になってきました。

大量のパセリが手に入ったときにぜひどうぞ！

 栄養

体内でビタミンAに変化するβ-カロテンが多く、体の老化やガン予防が期待されます。美容や免疫力に効果があるといわれるビタミンC、糖質の分解を助けるビタミンB₁も含みます。カルシウムや鉄などのミネラルも含み、独特の香りには食欲増進効果も。香りはアピオールという精油成分で、体内で食中毒を予防する働きや口中をサッパリさせる働きがあります。

NAHO's Recipe

パセリたっぷり 甘辛炒め

 調理時間10分

材料：（作りやすい分量）

- パセリ…約60ｇ（2袋）
- 豚ひき肉…150ｇ
- ごま油…大さじ2
- A
  - 砂糖…大さじ2
  - みりん…大さじ1
  - しょうゆ…大さじ3
  - みそ…小さじ2
- 赤とうがらし…お好みで適量

how to

① パセリは洗ってよく水けを切り、細かく刻む。フライパンで大さじ1のごま油でしんなりするまで炒めて、お皿に取り出しておく。

② 豚ひき肉を大さじ1のごま油で炒めて、細かく切ったとうがらしも入れる。

③ Aの調味料を入れ、①のパセリを入れる。味見をしつつ水けが飛ぶまで炒める。

* 濃い目に味をつけるのがおすすめ。

* お子さんには赤とうがらし抜きで。

ほうれんそう

元気モリモリ緑黄色野菜

信州での旬
5〜11月
Spring & Summer

選び方

葉の色が濃く、葉先にピンとハリがあり、みずみずしいもの。根元の赤い部分は、骨の形成に重要なマンガンが豊富で、甘みもあるので捨てずに使いましょう。

保存方法

葉先が乾かないよう湿らせた新聞紙でくるみ、ビニール袋に入れ、冷蔵庫の野菜室に立てておきましょう。食べきれないときは、かためにゆでて水けを切り、ラップで小分けに包んで冷凍も可。使うときは半解凍がおすすめ。

　ほうれんそうは、アメリカのアニメ「ポパイ」で缶詰を食べるとパワーアップするというシーンが印象的です。全国的な旬は冬ですが、長野県では5月中旬から11月にかけて高原地帯で、高品質なほうれんそうが栽培されています。

　「寒締めほうれんそう」は、環境ストレスによって甘さが増し、栄養価が高くなっています。葉が縮んで横に開いた形の「ちぢみほうれんそう」も葉肉が厚く、とってもおいしいです！

　アクがあるので調理の際はさっとゆでましょう。葉と軸では火の入り方が異なるので、根元はしっかり、葉はさっと。独特のえぐみ、シュウ酸を緩和するのは、カルシウムや脂肪分。相性のよい食材は、かつお節、じゃこ、牛乳、チーズなど。煮こみ料理、炒め物などのほか、おひたしやお菓子にも合います。

栄養

緑黄色野菜の代表格でβ-カロテンが豊富です。β-カロテンは必要に応じて体の中でビタミンAに変わり、皮膚や粘膜を強くする働きがあるといわれています。油といっしょに摂ると、吸収率がアップし、えぐみも抑えられます。また鉄分、ミネラル類、ビタミンB群、ビタミンC、葉酸なども含まれています。

油で揚げないヘルシードーナツで彩りがとってもきれいです。

NAHO's Recipe

ほうれんそうの
ベイクドドーナツ

 調理時間20分

材料：直径5cmの型12個分

- ほうれんそう…40g
- ホットケーキミックス…150g
- 絹ごし豆腐…100g
- きび砂糖（なければグラニュー糖）…30g

how to

① ほうれんそうはゆでて刻み、ミキサーにかける。

② ボウルに豆腐を入れてつぶし、砂糖を加えてよく混ぜ、ホットケーキミックスを入れてさっくりと混ぜる。さらに①を加えて、ゴムべらでよく混ぜ合わせ型に入れる（生地がかたい場合は、水を少々足す）。

③ 180℃に予熱したオーブンで10分間焼く。

レタス

涼風を運ぶ高原野菜

信州での旬
4月中旬～
11月中旬
ハウス・露地

Spring & Summer

選び方

適度に巻いて、葉がみずみずしくハリがあり、淡いグリーンのものを選びましょう。持ったときに大きさのわりに軽いものがおすすめ。切り口が白く、直径2cmほどの小さなものが新鮮です。

保存方法

外側の葉っぱは捨てずに、はがした葉っぱでレタスをくるんで、さらにビニール袋に入れて野菜室へ。買ったときに包まれているパリパリしたフィルムを使ってもOK。カットすると切り口が変色するので、外の葉からはがして使いましょう。鮮度劣化が激しいので、なるべく早く使い切りましょう。

　長野県はレタスの生産量が全国第1位。全国生産量のおよそ35％のシェアを占めています。高原の涼しい気候を活かして栽培しており、6～9月の夏場が最盛期。採れたてのパリパリとみずみずしいレタスは格別です。

　レタスは、玉レタスとリーフレタスに分けられ、サニーレタス、ロメインレタス、サラダ菜などたくさんの品種があります。レタスはキク科の野菜なので、小さなキクのような黄色い花を咲かせ、ほんのりキクの香りがします。茎を切ると白い液体が出るのはキク科の特徴で、苦味を持つサポニン様（よう）物質です。

　生食のイメージが強いですが、加熱するときはさっと短時間、火を通すのがコツ。包丁を使うと、ポリフェノールが酸化するため切り口が赤く変色しますので、手でちぎるといいでしょう。

レタスは加熱をするとかさが減ってたくさん食べられます。

栄養

レタスは、9割以上が水分で、栄養はそれほど多くありませんが、ビタミンC、ビタミンE、カロテン、カリウム、カルシウム、マグネシウム、リン、食物繊維などをほどよく含んでいて、低カロリーです。

NAHO's Recipe

レタスと豆乳のスープ

調理時間10分

材料：（2人分）

- レタス…1/4個
- 豆乳…400ml
- ほたて缶…小1缶
- にんにく…1/2かけ
- 赤とうがらし…1/2本
- 水…100ml
- 固形スープの素…1/2個
- ごま油…大さじ1/4
- 塩…少々

how to

① レタスは一口大にちぎる。にんにくは薄切り、赤とうがらしはちぎる。

② 鍋にごま油を熱し、にんにく、赤とうがらしを炒める。香りが出てきたら、レタスを炒め、水、固形スープの素を加える。煮立ったらほたてをほぐしながら缶汁ごと入れ、再度煮立ったら豆乳を加える。ひと煮立ちしたら塩で味をととのえる。

セルリー

シャキッとした歯ごたえと香りが魅力

信州での旬
5〜11月
ハウス・露地

Spring & Summer

 選び方

葉にツヤとハリがあり緑色が濃いもの。茎の筋がでこぼこしていて、茎が太くて長いものを選ぶ。香り高いものは新鮮！切り口がみずみずしいもの、穴が開いているものはスが入っています。切り口が白いものを選びましょう。

 保存方法

葉っぱと茎を分けてラップして冷蔵庫に。葉は茎の養分を吸い上げるので、葉のついている節で切り落とす。葉は刻んで冷凍しておくと重宝します。茎は野菜室に立てて保存、しんなりしたら根元を冷水につけるとしゃんとします。

　セルリーは涼しい気候と水分を好む野菜。長野県は全国1位の生産量で、冷涼な空気と清らかな水で、みずみずしいセルリーが育ちます。スーパーでは1本ずつ販売されていますが、畑では株で生えていて圧巻です！
　苦手な人もいますが、じつは長野県産は日本人が食べやすく品種改良してあり、ほどよい香りです。小さいころ住んでいたアメリカでは、生のセルリーにピーナツバターをつけて食べるのが当たり前でした。アメリカでは一般的な食べ方ですので、一度お試しください。
　セルリー嫌いは、切り方を工夫するのも手です。繊維を断ち切るように輪切りにすると香りが強く出て、しゃきっとした歯ごたえになりますので、苦手な方は繊維に沿って切ったり、カレーなど味の濃い料理に入れるのもいいですね。

栄養

地中海が原産で、独特の香り成分は精神安定作用があるといわれています。また香りや苦味は、食欲不振を改善、胃もたれ防止によいとされています。生で食べるのが効果的。ビタミンB_1、B_2、C、E、ミネラル、食物繊維などバランスよく含んでいます。葉には茎のおよそ２倍のカロテンを含み、血液をサラサラにするといわれるピラジンも含まれるので、葉も捨てずに食べましょう。

NAHO's Recipe
セルリーのキンピラ風炒め

 調理時間10分

ごま油で、セルリーの香りがまろやかになりますよ〜♪

how to

① セルリーは筋をとって斜め薄切りにする。葉っぱは、せん切りにする。ベーコンは短冊切りにする。Aを合わせておく。

② フライパンに、ごま油を熱し、ベーコンを入れて油が出てきたらセロリの茎の部分を入れる。半透明になってきたら、Aとセロリの葉っぱを加え、汁けがなくなったら、器に盛り、白ごま、七味とうがらしをふる。ブラックペッパーでもおいしい！

材料：（作りやすい分量）

- セルリー…1本
- ベーコン…40g
- ごま油…大さじ1
- A
  - 酒…大さじ1
  - みりん…大さじ1
  - しょうゆ…大さじ1
- いりごま（白）…適宜
- 七味とうがらし…お好み

たけの子
（根曲り竹）

鮮度が命の
初夏の風物詩

選び方

皮にツヤがあり、切り口が白くてみずみずしいものを選びましょう。孟宗竹は、小ぶりでずっしりしていて穂先が黄色のものが良品です。

保存方法

日が経つとえぐみが増します。ゆでたものは水につけて冷蔵庫で数日保存ができます。水煮の状態で瓶に詰め加熱殺菌処理したものは長期保存が可能です。

　たけの子は、竹の芽の部分の総称。和洋中さまざまな料理に使われますが、「朝掘ったら、その日のうちに食べろ」といわれるほど鮮度が命。

　長野県北部では、根曲り竹が初夏の風物詩。これはチシマザサの若竹で、細く白くてアクも少なく、いい香りがします。サバの水煮とで作る「たけの子汁」は定番の郷土料理で、時期になるとスーパーでサバ缶が山積みになります。

　一般的に広く出回る太いたけの子は、孟宗竹。ゆでてアク抜きしてから調理します。やや細身で赤茶の皮に緑色の芽が特徴的な淡竹は、アクが少なくあっさりとした味わい。細めで皮に産毛がなく黒い斑点があるたけの子は真竹。アクが強く苦味がありますが、味がしっかりとしています。

栄養

食物繊維が豊富なので、腸の掃除をして便秘症状の改善に役立ってくれます。また塩分の排出を促すカリウムも含みますので、高血圧を予防する効果が期待できます。切り口に出る白い粉チロシンは、アミノ酸の一種、脳を活性化する作用があるそうです。うまみ成分は、アスパラギン酸。

NAHO's Recipe
根曲り竹のマフィンケーキ

調理時間50分

歯ごたえがコリコリの野菜スイーツ♪

材料：(マフィン型大2個分)

- 根曲り竹…3〜4本くらい
- A
  - 砂糖…大さじ3
  - 塩…少々
  - 水…200ml
- 薄力粉…100g
- 卵…1個
- ベーキングパウダー…小さじ1/3
- グラニュー糖…60g
- バター…60g
- 牛乳…50ml

how to

① 根曲り竹は皮をむき、小口切りにしゆでておく。水煮を使用してもよい。

② Aを鍋に入れ、①の根曲り竹といっしょに10分くらい加熱し、冷ます。

③ ボウルに常温に戻したバターと砂糖を入れて混ぜ、さらに溶きほぐした卵を加えて混ぜる。

④ ③に振っておいた薄力粉とベーキングパウダーをさっくりと混ぜる。さらに牛乳と②の根曲がり竹を加えて混ぜる。

⑤ マフィン型に入れて、飾り用の根曲がり竹を上にのせ、180℃に予熱したオーブンで25〜30分焼く。

玉ねぎ

甘さと辛さの万能野菜

信州での旬 6〜9月　Spring & Summer

選び方

表面の茶色い皮が乾いていてツヤのあるもの。頭部が細く締まって、新芽や新しい根が出ていないもの。ずっしりと重く、かたく締まっているものが水分をしっかり保っています。新玉ねぎは表面に傷がなく、葉つきの場合は葉が青々としているものを選びましょう。

保存方法

黄玉ねぎは湿度を避けて、風通しのよい冷暗所へ。新玉ねぎは水分が多く傷みやすいので袋に入れて冷蔵庫の野菜室へ。使いかけのものはラップに包んで野菜室で保存。あめ色に炒めたものを小分けにしてラップに包み冷凍しておくと便利です。

　甘さと辛さで、炒めても、揚げても、煮ても、サラダにしてもおいしい！料理が楽しくなる野菜ですよね。長野県では6月初旬からが新たまねぎの季節。一般的な玉ねぎは、収穫後に表皮を乾燥させて保存性を高めます。これに使われるのは黄玉ねぎの品種。新玉ねぎは黄玉ねぎ、または早生種の白玉ねぎを乾燥処理せずに収穫後すぐに出荷したもの。やわらかくて水分が多く、甘みがあるので、生や丸ごと調理がおすすめです。ほかにサラダの彩りになる辛味や刺激臭の少ない赤玉ねぎやペコロスともよばれる小玉ねぎなどがあります。

　茶色い薄い表皮に、「ケルセチン」というポリフェノールの一種で、抗酸化作用が高い成分が多く含まれています。私は、煮出して玉ねぎ茶にしています。香ばしくほのかな甘みと渋みが楽しめます。料理の出汁にも使えますよ。

栄養

注目の成分は、「硫化アリル」。血液をサラサラにし、血中コレステロールを下げる効果が期待できます。また糖質をエネルギーに変え、疲労物質の代謝をするビタミンB_1と結合しやすく、吸収をサポートする働きも。水にさらすと流れ出てしまうので短時間で。硫化アリルの揮発が目にしみる原因なので、切る前に冷やしておき、よく切れる包丁で繊維をつぶさないように切るのも大事。

NAHO's Recipe
丸ごと!玉ねぎのスープ

 調理時間40分

白ワインのほのかな酸味が甘い玉ねぎとよく合います。

新玉ねぎが口の中でとろけます。

how to

① 玉ねぎは皮をむいて上下を切り落とす。ソーセージは5mm程度の斜め輪切りにする。
② 鍋にオリーブ油を熱し、ソーセージを炒める。
③ ソーセージに軽く焼き目がついたらAを全部入れて、固形スープが溶けるまでかき混ぜて、玉ねぎを入れてフタをして中火で加熱。
④ 煮立ってきたら弱火にしてコトコト約30分煮る。玉ねぎの中央に竹串を刺し、すっと通ればOK。塩、こしょうで味をととのえる。
⑤ 皿に盛りつけて粉チーズと乾燥パセリをのせて完成。

材料:(2人分)

- ソーセージ…2本
- 新玉ねぎ…小2個
- オリーブ油…大さじ1/2
- A
  - 水…600ml
  - 白ワイン…50ml
  - ローリエ…1枚
  - 固形スープの素…2個
- 塩、こしょう…少々
- 粉チーズ…適量
- 乾燥パセリ…適量

白菜

生でもおいしい
注目の葉野菜

信州での旬
6〜10月　Spring & Summer

 選び方

葉っぱが薄緑色に縮れていてしっかりと巻いているもの。ずっしりと重量感があって、胴の白い部分がみずみずしくツヤがあるもの。カットしたものなら、切り口がみずみずしいもの。芯のあたりが盛り上がっていると古い証拠。

 保存方法

夏白菜は、鮮度劣化が早いので、1玉ではなく必要な分だけカットしてあるものを購入し、4、5日で使いましょう。残った分はラップに包んで冷蔵庫の野菜室で保存。ざく切りしてかための塩ゆでにし、水けをきって、冷凍保存も可。冬の白菜は、新聞紙に包んで立てて冷暗所で保存。カットするより、外側から1枚ずつはがして使うほうが長持ちします。

　鍋料理のイメージが強いので冬の野菜だと思っていませんか？じつは、長野では6月から10月にかけて涼しい高原地帯で栽培されます。長野県は全国でもトップシェア。おもな産地は、南牧村や川上村などで、レタスと白菜の両方を作っている農家さんが多いんです。レタスと同じで真夜中から収穫されます。

　和洋中さまざまな料理に合います。みそ汁の具や餃子の具にもおすすめ。あまり白菜を使ったことがない人は、キャベツを使っていた料理を白菜に代えてみるというのも方法です。家庭で漬物をしなくなったことなどで生産量は減少していますが、いろいろな料理に使ってたくさん食べてほしいと生産者の方が言っていました。生でもおいしいですよ。細かく刻んで、サラダに最適。私は、りんごとハムを細切りにして、フレンチドレッシングでいただきまーす♪

おやつに！ビールのつまみに！

NAHO's Recipe
白菜スティック

 調理時間3分

材料：（2人分）
- 白菜（軸の白い部分）…4枚
- マヨネーズ…大さじ1
- 信州みそ…大さじ1

how to
① 白菜の白い軸の部分を縦に1cm幅に切る。
② マヨネーズと信州みそを混ぜる。

NAHO's Recipe
生白菜の和風サラダ

調理時間5分

生の白菜のシャキシャキ食感がおいしい、簡単サラダ。青しそも合います。

材料：（4人分）
- 白菜…300g
  （中・1/6個〜1/4個程度）
- 桜えび…大さじ2
- しらす（ちりめんじゃこ）…大さじ2
- 削り節…1パック
- 刻み海苔…少々
- A
  - ポン酢…大さじ3
  - ごま油（サラダ油）…小さじ1
- 七味とうがらし…お好みで

栄養

水分が95％。その中では、ビタミンCが比較的豊富です。とくに外側の葉っぱと芯に近い部分の葉っぱに多く含まれます。また、余分な塩分と結びついて排出し高血圧予防が期待されるカリウムやカルシウム、マグネシウム、リンなどの健康維持にかかせないミネラルも含んでいます。食物繊維も多く、便秘改善にもおすすめです。

how to
① 白菜は、水洗いし、葉と軸に分けて、葉は一口大に、軸はせん切りにする。水けをきっておく。
② ①を器に盛りつけ、混ぜ合わせたAをかける。桜えび、しらす、削り節、刻み海苔を散らして完成。お好みで七味とうがらしをかけてもよい。

トマト

世界中で愛される
栄養豊富な野菜

信州での旬
6〜10月　Spring & Summer

　選び方

丸くて形がよくてずっしりとした重みがあり、ツヤのあるものを選ぶ。赤い色だけでまどわされないで。へたからしおれるので、鮮度はへたでチェック。人工的に完熟させたトマトのへたは黒いことが多い。おしりに放射線状に筋が入っているものも良品です。

　保存方法

ビニール袋に入れるか、ラップをして冷蔵庫の野菜室で保存。少し青めのトマトは、常温保存し追熟させましょう。長期保存する場合は、洗ってへたをとり、ポリ袋に入れて丸のまま冷凍庫へ。凍ったまま水をつけ、指先でこすると皮がつるっとむけます。

　トマトの原産地は、アンデスの高地。多くの品種がありますが、日本で一般的に出回っているトマトは、生食向きの「ピンク系」で桃太郎などが代表。細長い形のイタリアントマトなど「赤系」とよばれるトマトは、酸味が強く皮が厚いので、煮こみ料理に向き、加熱することで甘みが増します。

　長野県は加工用トマトの生産量が全国第2位。ケチャップやピューレ、ジュースなど、加工品も上手に使ってみてください。加工用トマトは支柱を使わず、太陽の光をたくさん浴びさせて完熟で収穫されます。

　お弁当に欠かせないのが、ミニトマト！最近では、カラフルなミニトマトも登場しています。フルーツトマトは、糖度が通常の倍近くもあり、甘みが強いのが特徴。トマトの酸味が苦手という人におすすめです。

栄養

トマトの皮の赤い色素はリコピン。活性酸素を抑える働き「抗酸化作用」があり、老化予防や美肌に役立つといわれます。また、ビタミンCや肌や粘膜をすこやかに保つβ-カロテンなどの栄養成分もあります。トマトの独特の酸味は、胃液の分泌を促し消化を助けてくれます。「トマトが赤くなると、医者が青くなる」とはよく言ったもので、健康によい野菜です。

NAHO's Recipe
トマトおでん

調理時間15分

洋のイメージの強いトマトですが、和風だしで変身。

how to

① トマトは湯むきする。青しそはせん切りにする。
② 鍋にAを入れて中火にかけ、沸騰したらトマトを入れ、弱火で10分火にかける。
③ 火を止め、しばらく冷まし、味をなじませる。青しそを飾る。

＊ 冷蔵庫で冷やしても、アツアツでもおいしい！

材料：（2人分）

- トマト…小2個
- A
  - だし汁…400ml
  - しょうゆ…大さじ2
  - みりん…大さじ
- 青しそ…2枚

ブロッコリー

毎日食べたい栄養満点野菜

信州での旬
6〜10月
Spring & Summer

選び方

つぼみの緑色が濃く、密集していてかたく締まっているもの。冬場の紫がかったものは甘いのでおすすめ。黄ばんでいるのは古い証拠。茎の切り口がみずみずしくて、葉っぱがしおれていないものが新鮮です。

保存方法

つぼみが開こうとして、どんどん栄養素が使われて、鮮度も劣化していきます。できるだけ早く食べましょう。冬場は紙袋に入れて常温、夏場はポリ袋に入れて、冷蔵庫の野菜室で保存。使い切れないときは、小房に分けてかためにゆでて冷凍保存するといいでしょう。

　長野県はブロッコリーの生産もさかんです。店頭では輸入も多いのですが、ブロッコリーは鮮度劣化が早いので、国産、長野県産がいいですね。長野県では鮮度を重視し、徹底した保冷輸送をしています。

　私たちが食べているのは、つぼみの集合体で、その数は大きいもので7000個にもなるそうです。野菜の中でも栄養価が豊富ですが、加熱に弱いビタミンCを効率よくとるため、また色あざやかに仕上げるため加熱はさっと短時間にが鉄則。鍋にちょっとの水を入れて蓋をし、蒸すのもおすすめ。ゆで上がりに水に取ると味が落ちてしまうので、自然に冷ましましょう。

　最近は結婚式でブーケトスならぬ、ブロッコリートスを見かけます。ブロッコリーには房やつぼみがたくさんあることから子孫繁栄の意味があるそうです。

栄養

ビタミンCが豊富で、ブロッコリーを1/2個食べれば成人の1日の必要量がまかなえます。β-カロテンや若返りのビタミンといわれるビタミンEも含まれ、抗酸化作用が期待できます。またブロッコリーは、ガン抑制効果が高いといわれる成分を多く含んでいます。カルシウム、カリウム、鉄などのミネラルも豊富で栄養価の高さは抜群です。

NAHO's Recipe

ブロッコリーと塩辛のクリーム焼きうどん

 調理時間10分

材料：（4人分）

- ブロッコリー…1株
- 酒…大さじ2
- 水…大さじ2
- イカの塩辛…大さじ2
- みそ…大さじ1
- 生クリーム…200ml
- うどん（ゆでめん）…2玉
- 塩、こしょう…各少々
- 粉チーズ…大さじ1
- 刻み海苔…適量

how to

① フライパンに小房に分けたブロッコリーを入れ、酒、水、イカの塩辛を合わせて加え、フタをして2分加熱する。

② みそ、生クリームを合わせて加える。さらにうどんをほぐしてから入れる。

③ 塩、こしょう、粉チーズをふり入れてうどんとからめる。皿に盛り、上に刻み海苔をかける。

塩辛が大好物なので野菜料理にも使ってみたいと考えました。

カリフラワー

美しい形が魅力の野菜

信州での旬
6〜10月

全国的な旬は冬ですが、長野県では6〜9月が最盛期。白色が主流ですが、オレンジ色、紫色などの品種もあります。また、黄緑色をしたドリルのような形の「ロマネスコ」も見るようになりました。イタリアの伝統品種で、カリフラワーの仲間。味はブロッコリーに近く、食感はカリフラワーのような感じ。

カリフラワーのゆで時間は1分ほど。水溶性ビタミンなどの流出が防げますので、蒸すのもおすすめ。加熱し過ぎると、つぼみがボロボロと崩れて食感も損なわれます。白いカリフラワーの色をきれいに仕上げたいときは、ゆでるときにレモン汁や酢、小麦粉などを少量、お湯に加えると酸化が抑えられます。

じつはカリフラワーとブロッコリーは兄弟なんです。ブロッコリーが突然変異で白化したのがカリフラワーです。

選び方

つぼみがかたく締まっているもので、こんもりとしていて、変色していないものを選びましょう。

保存方法

あまり日持ちしません。乾燥しないようにラップに包んで冷蔵庫の野菜室で立てて保存し、早めに使いましょう。冷凍保存の場合は、かために下ゆでして小分けにしてから。

NAHO's Recipe

カリフラワーのカレーピクルス

 調理時間10分

栄養

加熱しても壊れにくいビタミンCが多く含まれます。ちなみにビタミンC含有量は、1位ブロッコリー、2位カリフラワー、3位ロマネスコの順。また、カリウムも豊富です。

ポリポリお箸が進みます。おつまみにもいいですよ。

材料：(作りやすい分量)

- カリフラワー…1株
- A
  - 酢…150ml
  - 水…200ml
  - カレー粉…小さじ2
  - 砂糖…大さじ2
  - 塩…小さじ1弱
- ローリエ…1枚

how to

① カリフラワーは洗って食べやすい大きさに切り、かためにゆでる。

② 鍋にAの調味料を合わせ入れ加熱し、一度沸騰させローリエを入れる。

③ ①と②を保存容器に移し、粗熱が取れたら冷蔵庫で冷やす。

ズッキーニ

油との相性抜群の
かぼちゃの仲間

信州での旬
6月中旬
～10月

Spring & Summer

選び方
へたの切り口が新しく、皮にツヤのあるもの、太さが均一であまり太すぎないものを選びましょう。太くなりすぎると大味になります。また古くなると実がスカスカになるので、早めに食べること。

保存方法
乾燥が苦手です。ラップや新聞紙に包んで、涼しくて風通しのいいところか、冷蔵庫の野菜室で保存しましょう。

　見た目はきゅうり、食感はなすのようですが、かぼちゃの仲間です。日本には昭和52年（1977）、アメリカ産野菜の輸入第1号としてきました。長野県は全国1位の生産量で、夏に佐久市、塩尻市、原村、木島平村などで栽培されています。

　日本でも夏野菜の定番になりつつありますが、イタリアや南フランスでは一般的で、フランスの代表的野菜料理「ラタトゥイユ」には欠かせない食材です。アメリカでは、スイーツに使われることが多いそうです。新鮮なものなら薄くスライスして生でサラダでもOKですが、加熱すると甘みが出ます。

　色は緑と黄色があります。形も細長いもののほかに、洋梨のような形、まん丸もあります。花も食べられ、開花直前の花の中にチーズなどを詰めて、衣をつけて揚げた洋風天ぷら「フリッター」が有名です。

栄養

水分が多く炭水化物が少ないため、かぼちゃと違って低カロリー。ズッキーニに含まれるβ-カロテンは、油との相性がいいので吸収率をアップさせる油炒めは理にかなっています。オリーブ油がおすすめです。体の免疫力を強化したり、風邪予防が期待されます。

ズッキーニのシャクッとした食感がなんともいえません。

スイートチリソース

材料：（作りやすい分量）

- みりん…大さじ2
- 酢…大さじ2
- はちみつ…大さじ2
- おろしにんにく…小さじ1/3
- 豆板醤…小さじ1/3
- 塩…小さじ1/3
- 片栗粉…小さじ1/3

* すべての材料を小鍋に入れ、弱火でかき混ぜながら片栗粉が半透明になるまで火を通す。

NAHO's Recipe

ズッキーニのピカタ・スイートチリソース

 調理時間10分

材料：（2人分）

- ズッキーニ…2本
- 卵…1個
- 小麦粉…適量
- ごま油…大さじ1/2

how to

① ズッキーニはへたを切り落とし、7〜8mm幅の斜め切りにする。卵を溶いておく。

② ズッキーニの切り口に小麦粉を薄くまぶしつけ、余分な小麦粉は、はたいて落とす。

③ フライパンにごま油を中火で熱し、ズッキーニを溶き卵にくぐらせて入れる。2〜3分間焼いて裏返し、さらに2〜3分焼く。両面に焼き色がついたら器に盛り、スイートチリソースを添える。

* ポン酢をつけてもいいです。

大根

古事記にも登場する
歴史ある野菜

信州での旬
6月中旬
〜11月上旬

選び方

青と白のコントラストが美しいもの。ツヤとハリがあり、ずっしりとしたものを。ひげ根がまっすぐに並び少ないものがストレスなく育っています。葉がついているなら、青々とした葉のものを選びましょう。

保存方法

栄養や水分を取られないように、葉を切り落とす。洗ってあるものは新聞紙で包むか、ポリ袋に入れて冷蔵庫の野菜室で保存。切ってかためにゆでたもの、生のまますりおろしたものは冷凍で。干したり、冷凍したものは、短時間で味がよくしみます。

　信州には伝統野菜に選定されている大根が多くあります。長野市の戸隠大根や坂城町のねずみ大根は、水分が少なく辛味が強い辛味大根。薬味で使われ、坂城町の「おしぼりうどん」が有名です。また漬物用の漬け大根として、諏訪市の上野（うえの）大根、山ノ内町の前坂（まえさか）大根、上田市の山口（やまぐち）大根があります。表面があざやかな赤紫色ですが、切ると白い、たたら大根もあります。

　大根は部位ごとに、味が変わるので使い分けましょう。先端にいくほど辛味が強くなるので、辛いのが好きであれば大根おろしに。加熱すると辛味が変化して甘くなるので、炒め物や煮物にも。真ん中は味が充実しています。加熱に最適。おでんなどの煮物がgood。首は甘みがあり、サラダなど生食向き。葉は、みそ汁の具や菜飯にするとおいしいですよ。

栄養

根の部分は、ビタミンCが豊富。ジアスターゼなどの消化酵素も含まれていますが、熱に弱いので生食、とくにおろしがおすすめ。この酵素は、焼き魚の焦げに含まれる発がん性物質を消す働きがあるといわれます。大根おろしが辛いときは、酢やレモン汁を加えるとやわらぎます。葉の部分は、ビタミンCやカロテン、カルシウム、鉄、カリウムなどが豊富なので、葉も食べましょう。

NAHO's Recipe
薄切り大根で納豆ピザ

 調理時間15分

大根のサクサクがおいしい！納豆とピザソースの相性抜群です。

材料：（2〜3人分）

- 大根…5cm
- 片栗粉…適量
- ピザソース…適量
- 納豆…1パック
- ピーマン…1/2個
- 溶けるチーズ…適量
- オリーブ油…大さじ1/2

how to

① 大根は皮をむき2〜3mmの薄い輪切りにし、1枚1枚に片栗粉をまぶす。フライパンにオリーブ油を熱し、大根を並べ、表面に軽く焦げ目がつくまで焼く。

② 焼いた大根にピザソースを全体に塗り、薄切りにしたピーマン、納豆、チーズをのせる。

③ オーブンの天板に②の大根を並べ、200℃で7〜8分チーズが溶けるまで焼く。

＊ 具材は大根からあふれない程度にのせるのがポイント。トースターやグリルでも可。

キャベツ

季節によって異なる味わい

信州での旬
6月中旬
〜11月上旬

　やわらかい春キャベツは、葉っぱの巻きがふんわりとして、サラダなどの生食に向いています。一方、冬に収穫する冬キャベツは、葉が何枚も重なりしっかりと巻いています。ロールキャベツなどの煮こみ料理がおすすめ。みそ汁にも合います。信州は、夏キャベツ（高原キャベツ）の産地で、春に種をまき夏から秋に収穫します。甘みがあり、みずみずしいのが特徴。ボール型の「グリーンボール」の栽培もさかんですので、季節ごとにさまざまな料理でお楽しみください。

　塩昆布とごま油をいっしょに和えるのが、私の定番です！切ったものを水にさらすと、切り口から水を吸ってパリッとなりますが、長時間つけておくとビタミンCが流れ出てしまうので、さっと！

 選び方

緑が濃く、葉にツヤがあるものが良品。春キャベツは、巻きがやわらかで弾力があるもの、冬キャベツは巻きがかたくて大きさのわりにずっしりと重いものを選びましょう。

 保存方法

ポリ袋に入れて野菜室へ。芯から傷みやすいので、芯をくり抜いて湿らせたキッチンペーパーを入れておけば長持ちします。大きくて袋に入らない場合には、外葉でおおい、さらに新聞紙でくるむとよいでしょう。カットされたものは、ラップに包んで早めに使い切りましょう。せん切りやざく切りにして冷凍保存も可。

栄養

胃の粘膜を守るビタミンUが含まれます。キャベツから発見されたのでキャベジンともよばれます。だからトンカツにキャベツは、理にかなっているんです。ビタミンCも豊富で、大きめの葉3枚ほどで1日に必要なビタミンCを摂取できます。とくに芯のまわりに多いので、捨てずに食べましょう。緑の濃い外葉には白い部分よりβ-カロテンやカルシウムなどが豊富に含まれています。

NAHO's Recipe
キャベツとグレープフルーツのサラダ

調理時間10分

芯はピーラーで薄くスライス。

グレープフルーツとキャベツでダブルのビタミンCサラダ。ほかの柑橘類でも！

材料：(2人分)
- キャベツ…1/4個
- グレープフルーツ…1/2個
- 生ハム…2〜4枚
- A
  - オリーブオイル…大さじ1
  - 酢…小さじ1
  - 塩…少々
  - 粗挽きこしょう…少々

how to

① キャベツは食べやすい大きさにちぎって、さっとゆで、冷水にさらしたあと、水けをきる。グレープフルーツは皮をむき、薄皮も取って果肉を取り出し、食べやすい大きさに切る。生ハムも一口大にカットする。

② ①を皿に盛りつけて、Aのドレッシングをかける。

オクラ

ネバネバが特徴の
スタミナ野菜

信州での旬
7〜8月　Spring & Summer

選び方

うぶ毛がポイント。びっしりと生えているのは鮮度がよいしるしです。あざやかな緑色で黒ずんでいないもの。大きいものはかたいので小ぶりなものを選びましょう。鮮度劣化が早いので、輸送時間の短い近くの産地のものがおすすめ。

保存方法

早めに食べること。アフリカ原産ですので、寒い場所に長時間置いておくと低温障害を起こして黒ずみます。ネットのままでなく、ビニール袋に入れて冷蔵庫の野菜室に入れて保存するか、かために塩ゆでしてラップに包み冷凍。小口切りにして天日干しも。

　オクラは、英語名で、「Okra」と書きますが、その形状から「婦人の指」とも。和名は「アメリカネリ」ですが、まったくなじみがないですね。

　オクラを切ると五角形のお星様の形になります。角のあるのが一般的ですが、かつては角がありませんでした。現在でも丸オクラは沖縄県などで栽培されています。大きくなってもやわらかく、粘りが強いものが多いのが特徴です。赤紫色のオクラもありますが、加熱すると緑色になります。また、花を食用とする花オクラという品種もあります。野菜を巻いたり、サラダに使用したりします。花にも粘りがあり、ほんのりと甘いやさしい味です。

　調理前に、板ずりをすると表面のうぶ毛が取れて、口当たりや仕上がりの色がよくなります。まな板にのせて塩を振り、手でゴロゴロ転がしましょう。

栄養

ネバネバ成分のムチンは、消化器や胃壁などの粘膜を保護する働きがあります。また、たんぱく質の消化吸収を助ける効果も。じつは緑黄色野菜でもあるオクラは、β-カロテンやビタミンC、食物繊維なども含むスタミナ野菜。納豆やとろろなどのネバネバ食材と組み合わせれば、夏バテ克服の一品に。

NAHO's Recipe
オクラのキラキラ夏カレー

 調理時間20分

煮こみ時間が短く、簡単！お子さんも喜ぶ！夏休みのお昼ご飯に。

材料：（4人分）
- オクラ…10本
- トマト…1個
- 玉ねぎ…1個
- 豚ひき肉…300ｇ
- にんにく…1かけ
- しょうが…1かけ
- プレーンヨーグルト…350ｇ
- カレールー…1/2箱
- サラダ油…大さじ1

how to

① オクラは板ずりをし、水で洗い、熱湯で色があざやかになるまで軽くゆで、へたを切り落として、幅1cmの小口切りにする。トマトは皮を湯むきし、粗みじん切りに。にんにく、しょうがは、みじん切り。玉ねぎは、粗みじん切り。カレールーは粗く刻む。

② フライパンにサラダ油を熱して豚ひき肉を炒める。色が変わったら、にんにく、しょうが、玉ねぎを加え、香りが立つまで炒める。

③ トマト、プレーンヨーグルトを加えて混ぜながら3分煮る。

④ カレールーを加えて混ぜながら7分煮る。①のオクラの半分量を入れて、さらにかき混ぜる。ご飯を盛ったお皿にかけ、残りのオクラを散らす。

かぼちゃ

育てやすく
長期保存できる夏野菜

信州での旬
7〜9月
Spring & Summer

ほっくり甘いかぼちゃの収穫時期は7〜9月。しかし、時間とともにでんぷん質が糖化して甘みが引き出されていくので、信州産のものでしたら秋が食べごろ。保存性が高いので、昔は野菜の少ない冬に活躍しました。「冬至にかぼちゃを食べると風邪をひかない」と言われるのは、豊富に含まれるβ-カロテンが免疫力を高めたり、のどや鼻の粘膜を保護したりするから。

かぼちゃは大きく分けて、日本かぼちゃ、西洋かぼちゃ、ペポかぼちゃの3種類。皮が黒くゴツゴツしている日本かぼちゃは水分が多くてしっとり。しょうゆとの相性がよく、煮物などの日本料理向き。西洋かぼちゃは、ホクホクして甘みがあり、店頭に並んでいるもののほとんどがこれ。ズッキーニはペポかぼちゃの仲間。ハロウィンのかぼちゃもペポ種。新顔の「バターナッツ」は、ポタージュスープにおすすめ。日本かぼちゃの仲間です。

選び方

へたの茎がカラカラに乾いてコルク状になっているものが完熟のしるし。皮は爪が立たないほど、かたいもの。カットしたものは、ふっくらとした種がぎっしり詰まっているものが良品。

保存方法

丸のままであれば、2〜3か月は常温でもちます。種とワタから傷みはじめるので、カットしたものは種とワタをくり抜き、ラップをして野菜室に入れましょう。軽くゆでて冷凍も可。

NAHO's Recipe
かぼちゃ生春巻き

🕐 調理時間15分

材料：(1本分)
- ライスペーパー…1枚
- かぼちゃペースト…大さじ2
- クリームチーズ…大さじ1
- 青しそ…1枚

how to

① ライスペーパーを水にひたして、ふやかす。その上に、青しそ、かぼちゃペースト、クリームチーズの順にのせて巻く。お好みで、ドライフルーツやナッツ類をトッピングしてもよい。

栄養

炭水化物（糖質）が多いので野菜にしてはカロリーが高め。体内でビタミンAに変わるβ-カロテンが多く、血行を促すビタミンEや美肌にも役立つビタミンC、食物繊維もたっぷり。体を温める野菜です。種にはミネラルが含まれ、漢方薬にも使われています。よく洗ってから天日干しをして、乾いたら香ばしく煎って、塩を振っておつまみやおやつに。

ライスペーパーからかぼちゃの色が透けて、きれい！ もっちり食感です

パンにのせたり、サラダに使ったり、万能です。

かぼちゃペースト

材料：(作りやすい分量)
- かぼちゃ…200g（2cm角に切る）
- 水…100ml
- 塩…少々
- 砂糖…小さじ2
- マスタード…小さじ1

how to

① なべに水とかぼちゃと塩を入れて蓋をして中火にかける。
② かぼちゃがやわらかくなってきたら蓋を取り、火を強めて水けを飛ばす。
③ いったん火を止めて、マッシャーでつぶして砂糖とマスタードを加える。もう一度火をつけて、弱火で1分ほど混ぜる。粗熱が取れたら、保存容器に入れて冷蔵庫へ。

じゃがいも

アレンジ自在
台所の主役の野菜

信州での旬
7〜9月
Spring & Summer

さまざまな料理に使われ、私はみそ汁の具としてよく使います。トマトと同じなす科。アンデス原産で、馬鈴薯（ばれいしょ）ともよばれています。

「新じゃが」は、収穫後、貯蔵されずに出荷され、成熟途中でみずみずしいのが特徴。皮が薄くゆでるとつるんとむけます。長野県では7〜8月に収穫されます。貯蔵されたものは、でんぷんの糖化が進み、甘みが増します。

主要品種は、球形で果肉が白くホクホクとした粉質の「男爵」、長卵形で果肉が淡黄色でねっとり煮崩れしにくい粘質の「メークイン」。最近は甘みがありナッツのような風味の「インカのめざめ」など、個性的な品種も登場しています。

信州の伝統野菜「下栗芋（しもぐりいも）（二度芋（にどいも））」は、小ぶりで糖度が高く、田楽いもとして使われています。飯田市上村の最大斜度38度の急傾斜の畑で栽培されています。

選び方

芽が出ていないことや皮が緑色になっていないことをチェック。芽にはソラニンなどの有毒成分が含まれます。しっかりとかたいものを選びましょう。しなびた柔らかいものは避けましょう。

保存方法

新聞紙に包んで風通しのよい冷暗所で保存。光に当てるとソラニンが生成されやすくなるので要注意。りんごといっしょにポリ袋に入れておくと、りんごから発生するエチレンガスがじゃがいもの発芽を抑えます。

マッシュポテトをクリーム状になるまで練りこみ、新食感で人気！

栄養

主成分はでんぷんですが、ビタミンC、B_1、B_6やカリウム、食物繊維が豊富で、フランスでは栄養価から「大地のりんご」とよばれています。さらに、通常ビタミンCは熱に弱いのですが、じゃがいものビタミンCはでんぷんに包まれているため、加熱によって損失しにくいのが特徴。

NAHO's Recipe
クリームポテト

調理時間20分

材料：（作りやすい分量）

- じゃがいも…中3個
- バター…10g
- 牛乳…100ml

how to

① じゃがいもの皮をむき4等分に切りラップをして、電子レンジ（600W）で10分間加熱する。
② 鍋に①のじゃがいもとバターを入れ、弱火で溶かしからめる。
③ 牛乳を少しずつ加えながらハンドブレンダーもしくはフードプロセッサー、ミキサーでなめらかにする。
＊ 新じゃがはしっとりしているのでぴったり。料理に添えたり、ポタージュスープ、グラタンなど活用の幅は大。

なす

品種の特徴を楽しめる野菜

信州での旬
7〜10月

選び方

皮にハリとツヤがあり、へたのトゲが痛いほどピンととんがっているものが新鮮。最近ではトゲなしの品種も出てきています。

保存方法

低温と乾燥に弱く、保存の適温は、15℃と冷蔵庫の野菜室よりもやや高めです。ポリ袋と新聞紙で2重に包んでから野菜室に入れましょう。冷やしすぎると、皮はしわしわ、果肉はしぼんで、種は茶色になって、風味も損なわれます。

　なすの最盛期は夏ですが、「秋なすは嫁に食わすな」ということわざがあるように、肉厚でおいしくなるのは秋。おいしい秋なすをお嫁さんに食べさせないという意地悪な説と、体を冷やす作用があるので嫁の体を気づかうという2つの説があります。どちらにしても、秋のなすはおいしいということですね♪　古くは寒さに弱いなすを、油を塗った紙でおおって育てて、殿様に献上したこともあり、かつては高価で貴重でした。日本での栽培の歴史は古く、在来種の数は1200種を超えます。白や緑、白と紫のマーブルのもの、形も小さなもの、丸いもの、長いものまでさまざま。北信地方のおやきには欠かせない小布施町の「小布施丸なす」、天龍村の長く大きな「ていざなす」などが、信州の伝統野菜に選定されています。

NAHO's Recipe
夏野菜の塩麹漬け

 調理時間5分・味をなじませる時間を除く

栄養

水分が多く、カリウムと食物繊維を含みます。カリウムはナトリウム（塩分）とバランスをとり、余分なナトリウムを体の外に排出してくれます。むくみ予防にもなります。血圧を下げる働きも期待されます。また、紫色の色素成分はナスニンといい、ポリフェノールの一種で老化防止や動脈硬化予防などの抗酸化作用があるといわれています。

冷やして食べるとおいしい。野菜の甘みが引き立つ一品。

材料：（作りやすい分量）
- なす、きゅうり、ミニトマトなど…300ｇ
- うずらの卵…適量
- 塩麹…大さじ3

how to
① 野菜は食べやすい大きさに切る。ミニトマトはへたの部分を含め上部を切る。うずらの卵はゆでて殻をむく。
② ジッパーつきの保存袋に、野菜とうずらの卵、塩麹を入れて、よく混ぜる。
③ 冷蔵庫で保存し、半日ほどでできあがり。
＊　お子さんには、塩麹を軽く水で洗い流してあげるといいですね。

ピーマン
パプリカ

品種改良された
とうがらしの仲間

信州での旬
7～11月 Spring & Summer

　ピーマン、パプリカは、シシトウと同じくとうがらしの仲間。ピーマンの普及は戦後からです。緑色のピーマンは、じつは未熟なうちに収穫しています。完熟するにつれて黄色、オレンジや赤色に変わっていき、栄養価も甘みも増えていきます。

　パプリカは大型で肉厚。長野県では、パプリカの生産拡大を進めています。パプリカの見た目は、ピーマンですが独特の青臭さや苦味はなく、甘みが強いのが特徴。ピーマンが苦手な子でも、パプリカなら大丈夫ということもあります。赤、黄色、オレンジのほか、紫、黒、白などもあり、最近では細長くて大きい「ガブリエル」という品種もお目見えしています。甘みが強く、「ガブリ」と生で食べられるのが名前の由来です。

選び方

ピーマンは、皮にツヤがあり表面がみずみずしいもの。緑色があざやかで肩が盛り上がって、ずしりと重いものが良品です。へたの黒ずんでいるものは鮮度が落ちています。パプリカは、柄が緑で切り口が新しくハリがあり、ツヤのあるものを。肉厚でやわらかくみずみずしいかもチェック。

保存方法

ピーマン、パプリカは、水けをよくふき取ってポリ袋などに入れて16℃くらいの冷暗所で保存。冷やしすぎると低温障害を起こし傷みが早くなります。

栄養

ビタミンCやβ-カロテンが豊富。ビタミンCはコラーゲンの生成など肌に欠かせない栄養。β-カロテンは、皮膚や粘膜を健康に保つ栄養素。ピーマンの独特の青臭さのもとピラジンは、血液をサラサラにするといわれます。

パプリカは、ピーマン以上にビタミンCやβ-カロテンが多く含まれます。赤の色素にカプサンチン、黄色やオレンジ色にはゼアキサンチンがあり、どちらも抗酸化作用によるアンチエイジング効果が期待されます。

パプリカの甘みが楽しめます。彩りもきれい!

NAHO's Recipe

パプリカのマリネ

 調理時間15分・味をなじませる時間を除く

材料:(4人分)
- パプリカ(赤・黄)…各1個
- バジル…4枚
- A
  - オリーブオイル…10ml
  - アンチョビ…少々
  - 白ワインビネガー…30ml
  - レモン汁…少々
- 塩、こしょう…少々

how to

① パプリカは焼き網にのせ、強火で表面が真っ黒になるまで焼く(オーブンやフライパンを利用してもよい)。手で触れるくらいまで冷ましてから皮をむき、縦半分に切ってへたと種を取り、縦に細切りにする。

② パプリカに塩、こしょうして5分置く。

③ ボウルにAとオリーブオイル、アンチョビ、白ワインビネガー、レモン汁、粗みじんにきったバジルを入れ、かき混ぜる。

④ ②のパプリカを③のマリネ液にひたし、冷蔵庫で一晩味をなじませる。

とうもろこし

新鮮さが決め手の
高エネルギー野菜

信州での旬
7月中旬
～9月上旬

選び方

ヒゲがふさふさしていて、茶褐色でみずみずしいもの。ヒゲ1本1本が、1粒1粒につながっています。外皮が新鮮で青々としているもの。粒がしっかりとふくらみ、大きさが揃っているもの。

保存方法

鮮度の低下が早いので食べる分だけ買うのがおすすめ。保存は、ゆでてから冷凍するか、皮つきのままラップに包み冷蔵庫の野菜室に立てておきましょう。

　私の住む北信では、黒姫高原が産地として有名です。長野県の生産量は全国4位。主な産地は、伊那市、松本市、塩尻市などとなっています。農家さんは、皮の上から手で触って、実の状態を確認し収穫します。それを何万回も繰り返し、指紋が消えてしまっている手を見せてもらったことがありました。

　品種改良がさかんで、粒の色によってイエロー種、ホワイト種、黄色と白が混ざったバイカラー種などがあります。最近は、生で食べられる品種もあります。栽培途中の間引いたとうもろこし「ヤングコーン」は、サラダや炒め物、ピクルスなどで楽しめます。

　とうもろこしは鮮度が命で、「お湯を沸かしてから採りに行け」といわれるほど。水からゆでるとやわらかくなり、熱湯からゆでると歯ごたえが残ります。

NAHO's Recipe

とうもろこしとパプリカの
カラフルサラダごはん

 調理時間10分

さっぱりとしていて食欲のない夏場でも野菜とご飯がモリモリ食べられます。

栄養

主成分は糖質で、エネルギーが高いため、野菜ではなく穀類に分類されることもあります。たんぱく質、ビタミン類、鉄や亜鉛などのミネラルも含まれ、食物繊維が豊富なので便秘予防に効果が期待されます。黄色の色素成分には、抗酸化作用があります。ヒゲの部分は「南蛮毛」という漢方薬として、干したものを煎じて飲むと利尿作用があり、むくみなどによいとされています。

材料：（2〜3人分）

- とうもろこし…40ｇ
- パプリカ（赤）…20ｇ
- パセリ…10ｇ
- ツナ…1/2缶
- ごはん（かため）…320ｇ
- A
  - バルサミコ酢（なければりんご酢）…大さじ1
  - 塩…小さじ1/3
  - 黒こしょう…少々
  - オリーブオイル…小さじ1

how to

① とうもろこしはゆでて、芯から実をはずしておく。パプリカは5mm角に切る。パセリはみじん切りにする。ツナは油を切っておく。
② Aをよく混ぜる。
③ ごはんはあたたかいうちに②を全体に回しかけ、手早く混ぜる。
④ ③に①を加えてふんわりと混ぜ、皿に盛る。ベビーリーフやレタスなどお好みで飾る。

＊ ご飯は混ぜすぎると粘りが出るので手早く混ぜるようにしましょう。

NAHOの野菜・果物の楽しみ方

野菜・果物の花

　野菜や果物は植物ですから、生長の過程で花を咲かせます。それぞれに個性があって美しく、そんな花を写真に撮ることも私の趣味です。同じ科に属する野菜や果物は似た色や形状の花のことが多いです。キャベツ、野沢菜などのアブラナ科の野菜は4弁の黄色い花を咲かせます。ダイコンは白ですが。ナス科は雌雄同花。ピーマン、ししとう、とうがらしの花はそっくりです。きゅうり、かぼちゃ、メロン、スイカは黄色の雌雄異花。

　果物はバラ科に属するものが多いですが、ふだん見かけるバラとはかなり違った印象の花です。梅、桃、りんご、梨、びわ、いちごなど、それぞれ白や淡いピンクだったりして色や形も異なりますが、花弁は5枚が多いです。そうして見ると、科目の勉強にもなります。花を見て野菜や果物の品目が当てられたら、まさに野菜・果物博士です。花言葉を調べるのも楽しい。野菜・果物の楽しみ方は無限ですねー。

ごぼうの花
花言葉は「いじめないで」。キク科でアザミに似ています。ごぼうを収穫せずに越冬した夏に花を咲かせるので、なかなか目にする機会がありません。写真は村山早生ごぼうの花。

みょうがの花
エキゾチックです。花が咲いてしまうと中がスカスカになるので、食べるときには、花が咲く前に収穫しましょう。「忍耐」が花言葉。

オクラの花
ハイビスカスに似たクリーム色の美しい花が、葉のわきに一輪ずつ咲きます。南国の花を感じさせますが、朝咲いて昼にはしぼむ一日花。花言葉は「恋の病」「恋によって身が細る」。なんだか悩ましいですね。ハイビスカスと同じアオイ科に属します。

ズッキーニの花
黄色の花を咲かせ、食べることができます。雌雄異花なので、雄花には実がなりません。小さな実がついた雌花を花ズッキーニとして使うことが多いですが、花だけの雄花も食べることができます。「ほのかな恋」が花言葉。

ベジフルフラワー

野菜・果物は味わうだけじゃもったいない！カラフルな色合いで、形は個性豊か！野菜や果物の特徴を存分に生かしてお花のようにブーケやオブジェにアレンジメントしたものをベジフルフラワーといいます。見て、贈って、飾って、楽しんで、食べる！

日本野菜ソムリエ協会では、「ベジフルフラワーアーティスト養成講座」があり、ベジフルフラワーについて学ぶことができます。野菜・果物大好き！野菜・果物のことならなんでも知りたい！楽しみ尽くしたい！そんな私にぴったりの資格でした。

最終的には食べることを目的としていますので、野菜・果物のことを一番に考えて製作します。まず手をしっかりと洗っておきます。そしてなるべく鮮度を失わずにアレンジメントする技術を学びます。

家庭菜園で採れた野菜をかわいくブーケにしておすそわけ。贈る相手の好きな野菜で。じゃがいも、玉ねぎ、にんじんでカレー用ブーケ。レストランのオブジェとして。直売所で販売してもいいですね。最近はブライダルシーンにも使われています。野菜好きの新婦さんが野菜のブーケで入場！なんて、素敵ですよね。規格外の野菜を素敵に変身！農産物の価値がさらに高まります。お子さんの食育にも役立ちます。野菜・果物の楽しみ方が広がるベジフルフラワー。みなさんも作ってみませんか？今まで以上に、野菜や果物が愛しくなりますよ。

果物畑と黒姫山、妙高山【飯綱町】

Autamn & winter

秋・冬野菜

秋

大地の養分をたっぷりとたくわえた根菜、いも類がほっこり、温かく、やさしい気持ちにしてくれます。寒さから身を守るために、栄養と甘みが充実します。新米、新そばの時期でもあり、まさに食欲の秋です。

冬

信州の初冬は野沢菜漬けの季節。霜にあたると味がよくなるといわれ、寒い中での作業はたいへんです。

夏や秋に採れた野菜をさまざまな工夫をこらして作る漬物や乾燥野菜などの保存食を、ゆったりと味わう、心豊かな季節です。

長ねぎ

寒い時期に欠かせない野菜

信州での旬
8〜11月

Autumn & Winter

選び方

重さがあり太く、表面が乾燥せずハリがあり、触ったときにふかふかしない物が良品。白ねぎの場合は、緑と白の境がくっきりしているものがていねいに栽培されたものです。青ねぎは、根が乾燥していないものを選びましょう。

保存方法

上へ伸びようとする性質があり、横にしておくと曲がってしまうので新聞紙に包んで立てて保存。空気を取り入れられるように葉先を出してくるみましょう。冬場に出回る泥つきのねぎは土の中に埋めて春先まで長期保存が可能。小口切りにして、冷凍や干してもOKです。

　ねぎは、土で日光をさえぎり白くした葉鞘部（ようしょうぶ）を食べる白ねぎ（根深ねぎ）と、緑の葉を利用する青ねぎ（葉ねぎ）に大きく分けることができます。昔から白ねぎは関東で、青ねぎは関西で食べられてきました。

　長野県では、伝統野菜に認定されている、松本一本ねぎが有名。私のおすすめは、平成25年度に認定された松代一本ねぎ。太くて長くて根元が少し曲がっています。加熱するとさらにやわらかくなり甘みが増して、とろけるおいしさ！緑色のところまで食べられます。

　おもに薬味やなべの具として使われますが、私は蒸して食べるのが好きです。とても甘くなります。葉には栄養がたっぷりなので薬味に。霜で甘みが増します。風邪予防や冷え対策などにおすすめの野菜です！

NAHO's Recipe

長ねぎたっぷりの
エスニック風蒸し魚

 調理時間15分

> **栄養**
>
> 茎の部分にはビタミンCが多く、葉の部分には、β-カロテンやカルシウムが豊富。ねぎ特有の香り成分「硫化アリル」は、血行をよくして体を温めます。また疲労回復に役立つビタミンB_1の吸収を助けます。殺菌作用もあり、さらに肉や魚の生臭さを消す働きがあるので、肉や魚との相性はバツグン。長く加熱したり、水にさらし過ぎると効能は減少してしまうので注意が必要です。

長ねぎがたっぷり食べられます。

材料：(2人分)

- 長ねぎ…1本
- 白身魚（切り身）…2切れ
- 水…100ml
- しょうが（スライス）…2枚
- 塩…小さじ1/2
- 酒…大さじ1
- ごま油…小さじ1
- パクチー…お好みで
- 片栗粉…大さじ1/2
- A
  - しょうゆ…大さじ2
  - 砂糖…大さじ1
  - ナンプラー…大さじ1
  - レモン汁…大さじ1

how to

① 鍋に水、しょうが、塩、酒を入れて沸騰させ、白身魚を入れて、蓋をし、弱火で10分蒸し煮にする。

② フライパンにごま油を熱し、薄く斜め切りにした長ねぎを加えさっと炒め、混ぜ合わせたAを加える。水溶き片栗粉を加えとろみをつける。

③ お皿に①の魚を盛りつけ、②のあんをかけ、その上にパクチーを飾る。

にんじん

色あざやかなオレンジ色は
β-カロテンの色

信州での旬
8～2月
Autumn & Winter

選び方

あざやかなオレンジ色のもの。表面がなめらかでハリがあり、傷やひび割れがないものを選びましょう。茎の切り口が小さいほうが芯が細く、やわらかくて甘いといわれています。切り口が大きいものはかたい芯が多いです。

保存方法

葉つきの場合は、葉を切り落とし別々に保存。湿気で痛みやすいので、水分をふき取り、水分を吸収する新聞紙で包み、乾燥もしやすいので、さらにポリ袋に入れます。暑い時期は冷蔵庫の野菜室で、それ以外は風通しのよい冷暗所で保存。かためにゆでて、水けを切ってから冷凍保存も可能。

　子どもの嫌いな野菜の常連でしたが、甘みが強い西洋種が主流となり食べやすくなっています。色もオレンジだけでなく、黄色や紫の品種もあります。

　英語名「キャロット」は、カロテンの語源。β-カロテンが豊富です。栄養重視なら皮はむかなくてOK。店頭で売られているのは、収穫後に泥とともに表面の薄い皮も洗い落とされていて、すでに皮のない状態です。外側には栄養やうまみが多いんですよ。

　葉つきのにんじんが手に入ったら、葉も食べましょう！葉にはカリウム、ビタミンC、カルシウムが多く含まれます。にんじんのへたを切り落として水につけておくと、葉が出てきます。白いかわいい花を咲かせることも。

栄養

野菜の中でもβ-カロテンの含有量はトップクラス。体の中でビタミンAに変換され、免疫力アップ、粘膜や皮膚の健康維持などの働きがあるといわれています。食物繊維も豊富。にんじんにはビタミンCを壊す酵素が含まれていますが、酢や加熱で働きが止まります。

にんじんシリシリは沖縄の郷土料理。

NAHO's Recipe

にんじんシリシリ

 調理時間10分

「シリシリ」というのは、せん切り、ささがきという意味。

材料：（4人分）

- にんじん…2本
- ツナ缶…1缶
- 卵…1個
- しょうゆ…小さじ1
- 塩・こしょう…少々

how to

① にんじんは、せん切り用スライサーまたはシリシリ器でせん切りにする。
② 熱したフライパンにツナ缶の油を入れて、にんじんを炒める。
③ にんじんに火が通ってきたら、ツナを加えてさらに炒める。
④ 溶き卵を流し入れて、全体を混ぜながら炒める。
⑤ 卵に火が通ったら、しょうゆ、塩、こしょうでお好みの味つけをする。

ごぼう

食物繊維の豊富さが自慢

信州での旬
8〜12月
Autumn & Winter

選び方

先端が細くなっていて、ひげ根が少ないものを選びましょう。ハリがあって、太さがある程度均一なほうがいいでしょう。

保存方法

乾燥するとかたくなり、うま味や香りが損なわれます。土つきごぼうは新聞紙で包み、冷暗所で保管。洗いごぼうはラップにくるんで、冷蔵庫の野菜室へ入れ、早めに使い切りましょう。

　独特の香りと食感、うま味が楽しめます。ごぼうの香りには、臭みを消す効果もあるので、豚汁や柳川鍋など肉や魚といっしょに調理されることが多いです。ごぼうのほのかな甘みはオリゴ糖で、糖度はメロンほど。でも、低カロリーで食物繊維も多いのでダイエット中でも安心。オリゴ糖は、直接腸に届き、整腸作用や便秘の予防にも役立ちます。また、チョコレートとの相性も抜群で、細かく刻んでバターソテーするとナッツみたいな食感になるのでチョコレートケーキにするのもおすすめ。

　ごぼうを食べる文化を持っているのは、日本や韓国、中国などアジアの一部だけ。信州の伝統野菜に認定されているのが2つ。須坂市の「村山早生ごぼう」は、白く、太く、あくが少なく皮をむかずに調理してOK。さらに飯山市の「常盤ごぼう」は、長くてお尻まで太く、食感と香りがいいです。

栄養

食物繊維が豊富で、含有量では野菜でトップクラス。水溶性、不溶性どちらも含まれています。調理するときに、切って水にさらしてあく抜きしますが、その中にポリフェノールが含まれています。水溶性なので、栄養摂取を重視するなら水にさらさないほうがいいです。皮にも多く含まれているので、皮はなるべくむかず、皮の表面をたわしでこする程度に。

NAHO's Recipe
ごぼうチップス

 調理時間10分

味つけのアレンジがいくらでもできます！ おやつに、おつまみに。

材料：（作りやすい分量）
- ごぼう…1本
- 片栗粉…大さじ3
- サラダ油…適量
- 塩・こしょう…少々

how to

① ごぼうは皮つきのまま斜め薄切りにし、水分をよくふき取り、片栗粉をまぶす。
② 160℃に熱したサラダ油でごぼうが薄く色づくまでじっくり揚げる。
③ 油をよく切ったら、塩、こしょうで味付けをする。粉チーズ、カレーパウダー、七味とうがらし、粉山椒などもおすすめ。

NAHO's Recipe
ごぼう茶

① ごぼうは皮をむかずたわしでごしごし水洗いしてから、ピーラー（皮むき器）などでささがきにする。1日天日干しにする。
② テフロン加工のフライパンで乾煎りする。
③ ひとつまみ程度を急須に入れて、熱湯を注ぎ、3分ほど蒸らして飲む。
＊ 出がらしはそのまま食べてもいいですし、豚汁や炊きこみご飯に使用してもOK。

里いも

子孫繁栄を願う
縁起野菜

信州での旬
10～11月

選び方

泥つきで湿っているもの。ふっくらと丸みがあって、変色や傷がなく、持ったときにずっしりと重いものを選ぶ。おしりがふかふかしているものは、鮮度が落ちていたり、傷んでいる可能性があるので避けましょう。

保存方法

乾燥と寒さに弱いので、泥つきのものはそのまま湿った新聞紙でくるんで、風通しのよいところに室温で保存。冷蔵庫に入れると低温障害を起こします。ゆでてから皮をむいて冷凍保存も可能。

　粘りけがあり、調理に手間がかかるためか敬遠されがちですが、じつはぬめりにパワーがあります。地下茎を食べる里いもは、山に自生する山いも（自然薯）に対して、里で栽培されることが名前の由来。原産は東南アジアで、日本には稲作よりも古くから渡来してきたという説もあるほど。

　さまざまな品種がありますが、信州の伝統野菜に選定されているのは2つ。南木曽町の「あかたつ唐芋」は、茎といもの両方が食べられます。飯山市の「坂井芋」は、水害に強い作物として江戸時代から栽培され、粘りけがあり、やわらかいのが特徴。

　里いもは、種ではなく、いもで増えます。植えつけた種いもの上にできる親いもから、子いも、孫いもができ、祝い事などのおめでたい席で使われています。

NAHO's Recipe

里いものニョッキ

🕐 調理時間15分

栄養

主成分はでんぷん。水分が多いのでカロリーはほかのいも類より低め。ぬめり成分は、ムチン、ガラクタンなど。ムチンは胃腸の粘膜を保護し、たんぱく質を効率よく吸収するので肉や魚との食べ合わせで体力アップ！ガラクタンは、脳細胞の活性化や免疫力を高める働きが期待されます。体の中の余分なナトリウムを排出するカリウムが豊富で、食物繊維もいも類でトップクラス。

冷凍保存も可能です。

里いものねっとりともちもち食感が楽しめます。私の大好物。

材料：（4人分）
- 里いも…300ｇ
- 小麦粉…100ｇ～150ｇ
- お好みのパスタソース…適量

how to

① 里いもは洗って、たっぷりのお湯で、すっと竹串が通るくらいまでやわらかくゆでる。ザルに上げて皮をむく。

② 里いもが熱いうちにマッシャーなどでつぶし、小麦粉を少しずつ加えてまとめる。

③ まな板などの台に分量外の打ち粉をして、②を直径１～２cmの棒状にして、包丁で一口大に切り分ける。丸めて形を整え、熱湯に入れる。浮いてきたら１分くらいゆで、ザルに上げて水けをきる。

④ ③で作ったニョッキとお好みのパスタソースをからめる。

さつまいも

女性に人気の甘いいも

信州での旬
10〜11月 Autumn & Winter

 選び方

ずっしりと太いもので、皮の赤紫色があざやかでなめらかなものを選びましょう。かたいひげ根が多いものは繊維が多いので避けましょう。

 保存方法

寒さに弱いので冷蔵庫には入れないで、新聞紙にくるんで冷暗所で保管。最適な温度は12℃前後。収穫直後はさほど甘くないので、1か月以上熟成してから売り場に出すことが多いんですよ。上手に保存熟成させましょう。

　ほっこりと甘い焼きいもは秋の風物詩ですね。長野県での収穫は10〜11月ごろ。小学校などでもいも掘り＆焼きいもを行事にしているところも多くあります。
　中国から鹿児島に伝わり、特産となったことが名の由来。また甘藷（かんしょ）ともよばれました。多くの品種があり、関東では「ベニアズマ」、関西では上品な甘さの「鳴門金時（なるときんとき）」が主流。
　甘みを引き出したい場合は、ゆっくりと加熱することが大切です。さつまいもの主成分はでんぷん。甘みはアミラーゼという酵素の働きで、加熱するとでんぷんが糖質に変わります。ゆっくりと加熱することで酵素が活発に働き、甘みがより引き出されます。石焼きいもがおいしいのは、熱した石の中でじっくりと加熱するためなんです。

栄養

ビタミンC、B₁、B₂が豊富。さつまいものビタミンCはでんぷんに包まれているので加熱してもあまり破壊されません。β-カロテンも含まれ、とくにオレンジ色の品種は含有量が多いです。むらさきいもには、アントシアニンというポリフェノールが含まれます。切ると出てくる白い液は、「ヤラピン」という樹脂の一種で、豊富に含まれる食物繊維との相乗効果で便秘解消が期待できます。

アイスクリームを添えてもいいですね。お好みのアレンジで♪

NAHO's Recipe
おしゃれ焼きいも

 調理時間20分

材料：（作りやすい分量）
- さつまいも…中1本（250〜300ｇ）
- マスカルポーネチーズ…適量
- ピーナツクランチ…適量
- 黒みつ…適量

how to
① さつまいもをよく洗って皮つきのまま3cmほどの厚さに輪切りにする。それをアルミホイルに包んで、魚焼きグリルで上下弱火で15分焼く。
② 皿に盛りつけて、マスカルポーネチーズをのせて、ピーナツクランチ、黒みつをかける。

わさび

和食に欠かせない
辛味食材

信州での旬 通年 Autumn & Winter

選び方

上から下まで均一の太さでみずみずしい緑色のあざやかなものを選ぶ。鮮度が落ちるにつれ黄色くなります。茎の落ちたあと（イボイボ・横線）の間隔が狭いほどゆっくり成長した良質のわさび。ずしりと重みを感じるものは良品。

保存方法

濡らしたキッチンペーパーなどに包みさらにラップでまくか、ビニール袋に入れて密封し、冷蔵庫の野菜室で保存。長期保存の場合は、グラスにわさびを立てて頭が出るくらいに水を張り、毎日水を取り替え冷蔵庫で保存。冷凍は、しっかりラップに包んで丸ごと保存。すりおろして冷凍すると風味が飛びます。

　日本が原産で本わさびとよばれ、沢わさび（水わさび）と畑わさびに区別されます。長野県は生産量日本一で安曇野の沢わさびが有名です。1年を通して収穫されますが、秋冬のほうが辛味が強くなり味が充実。畑わさびは、陸わさびともよばれ、夏に咲く小さな白い花も天ぷらなどで使われます。

　わさびは表面の皮の部分に、香り成分や有効成分が多く含まれるので皮ごと使います。細かくおろすほど辛味が増すので、できるだけ目の細かいおろしがねを使用し、ゆっくりと円を描くようにすりおろし、包丁でたたくと細胞が細かく壊れて香りが立ちます。辛いわさびがお好きな方は、おろしがねに砂糖を少量振りかけてからおろすとさらに辛味が増します。

栄養

わさびの辛味成分はアリルイソチオシアネート。抗菌・殺菌作用や抗虫作用があり、お刺身に欠かせないのも納得。食欲増進にも働きます。また、抗酸化作用もあるとされ、生活習慣病やがんの予防効果の研究がされています。ビタミンCやカリウム、カルシウムなども含みます。ちなみにわさびのカロリーは100ｇ当たり88kcal。白菜が14kcal、大根が18kcal、りんごが54kcalですから意外にも高カロリー。

NAHO's Recipe
わさび丼

調理時間5分

材料：（1人分）
- 温かいご飯…茶碗大盛り1杯
- わさび…お好みの量
- しょうゆ…適量
- A
  - ［削り節、白ごま、刻み海苔、小ねぎ（小口切り）…各適量］

信州・安曇野の大王わさび農場の名物メニューにもなっています。

how to

① 丼に、ご飯を盛り、Aをのせる。
② 食べる直前にわさびをおろしてのせ、しょうゆをかけて混ぜる。

野沢菜

信州の特産品の代表格

信州での旬
10〜11月

Autumn & Winter

選び方

葉の緑色が濃く肉厚で、全体的にハリがあって、切り口のみずみずしいものを選びましょう。葉柄（茎）の部分がしっかりとしていてツヤがあるのが良品です。

保存方法

漬物用の場合は、冷蔵庫に入らないので濡れた新聞紙などにくるんで凍らないように室内に保存しましょう。調理用の小さなものなら、新聞紙に包んでからビニール袋に入れ、冷蔵庫の野菜室で立てて保存。

栄養

カリウム、カルシウム、鉄などのミネラル類が多く、β-カロテンやビタミンC、食物繊維も豊富です。

　野沢菜漬け（ぉはづけ）は信州の冬のお茶飲みに欠かせません。野沢菜を洗う姿は初冬の風物詩です。野沢菜は、江戸時代に野沢温泉村の住職が、京都から持ち帰った天王寺蕪(かぶ)の種子を栽培したといわれています。土壌や気候の違いで根の株(かぶ)が大きくならず、葉の部分だけが大きく育って野沢菜になったと伝えられます。しかし、最近では耐寒性に優れた西洋系の一種と考えられています。

　根元に小さな株状の根があり、若いうちは食べることができます。漬物用には根元を残して葉柄部分だけ収穫、その残った根は春に新しい芽が伸び、「とうたち菜」として食べます。とうたち菜や間引いたものは、おひたしや煮物、炒め物に使うことができます。漬物は、パンやおやきの具材にも使われます。納豆と混ぜたり、チャーハンに入れたり、パスタにもいいですね。

NAHO's Recipe
野沢菜の切り漬け

 調理時間30分（漬けこむ時間を除く）

材料：（作りやすい分量）
- 野沢菜…1kg
- 昆布（細切りにしておく）…15g
- A
    - しょうゆ…180ml
    - みりん…60ml
    - 酢…80ml
    - 砂糖…70g
- 赤とうがらし（刻んでおく）…少々

野沢菜漬けの作り方は、各家庭で受け継がれています。

how to
① 野沢菜を洗って水けを切り、4cm幅に刻んで、ボウルに入れる。Aの調味料と昆布と赤とうがらしを入れて混ぜる。
② 落とし蓋をして、1kgぐらいの重石をのせて、涼しいところに半日くらい置く。
③ 重石をとって全体をよく混ぜる。厚手のビニール袋に汁ごと入れて、空気を抜いて冷蔵庫に一晩入れておく。

* わが家でも定番に。少量でもOK。
* 須坂の漬物名人「郷土食ブランドづくりグループ」で教えていただいたレシピです。

NAHO's Recipe
野沢菜漬けときのこのそばパスタ

調理時間15分

材料：（2人分）
- そば…200g
- 野沢菜漬け…100g
- ぶなしめじ…100g
- えりんぎ…100g
- ごま油…小さじ1
- 赤とうがらし（小口切り）…少々
- おろしにんにく…小さじ1
- しょうゆ…小さじ1

how to
① そばをかためにゆでて冷水でしめて水切りしておく（ゆで汁をお玉1杯取っておく）。野沢菜漬けはみじん切り。ぶなしめじは、石づきを取り、房をほぐす。えりんぎは一口大に切る。
② フライパンにごま油を熱し、おろしにんにく、赤とうがらし、きのこを加え炒め、野沢菜漬け、ゆで汁お玉1杯程度を加えて炒め合わせ、しょうゆで味をととのえる。そばを入れて具をからめ、器に盛る。

* 野沢菜漬けの塩分がありますので、しょうゆは味をみながら。

山いも(長いも)

絶妙な食感の変化が魅力

信州での旬
11月〜通年

Autumn & Winter

「山いも」は山のいもの総称として使われているよび名で、長いもやイチョウイモ、ヤマトイモ、ツクネイモ、自然薯(山野に自生)などがあります。山いもの特徴は、いも類で唯一「生」で食べられること。長野県のおもな長いもの産地は、中信の山形村と北信の長野市松代地区。

魅力は切り方や加熱で驚くほど食感が変化すること!生では、「シャキシャキ」。さっと炒めた半生では、「サクサク」。揚げて火を通すと「ホクホク」感が楽しめます。すりおろした場合は、生で「トロトロ、ネバネバ」、しっかりと加熱すると「モチモチ、フワフワ」になります。いろいろな調理法で楽しんでください。古くから和菓子でも使われていますし、松代では長いもドリンクを出しているお店もあるんですよ!

選び方

表面にハリがあり、皮がなめらかで傷がなく、重みがあるもの。皮つきで、できれば泥がついているものがいいでしょう。

保存方法

新聞紙に包んで、風通しのよいところや冷暗所で比較的長く保存できます。少し湿らせたおがくずや土に埋めると、さらに長期保存可能。切ったものは切り口が変色するので、切り口にラップをして冷蔵庫で保存し早めに使いましょう。すりおろしたものやせん切りしたものは、小分けにして冷凍保存OK。

NAHO's Recipe

長いものコーヒー蒸しパン

 調理時間20分

栄養

ネバネバ成分のムチンは、胃腸の粘膜を保護します。生で食べることによって働きを強め、整腸作用をもたらすといわれています。いっしょに食べた物の消化吸収をゆっくりにし、食べ物が長く体内にとどまるのでエネルギーが持続し、持久力もアップ！漢方では、山いものことを「山薬(さんやく)」とよび、肺や腎臓などの働きを補い、糖尿病や滋養強壮によいとされています。

長いもでモチモチ。コーヒーをほかの味つけに替えてもいいですね

材料：
（直径7cmのアルミカップ8個分）

- 長いも…70g
- 卵…1個
- グラニュー糖…60g
- インスタントコーヒー…大さじ1
- 湯…大さじ1と1/2
- A
  - 薄力粉…100g
  - ベーキングパウダー…小さじ1

① 長いもは皮をむき、すりおろす。Aは合わせて振るっておく。
② ボウルに卵を溶きほぐし、グラニュー糖、湯で溶いたコーヒー、すりおろした長いもの順に加え、そのつど泡立て器でよく混ぜる。
③ ②に振るったAを加え泡立て器でよく混ぜ合わせ、アルミカップに流し入れる。蒸気の上がった蒸し器に並べ強火で8〜10分蒸す。

水菜

京野菜が全国区に

信州での旬 主に冬　Autumn & Winter

選び方

葉はあざやかな緑色。茎がしっかりとしていてツヤとハリがあり、葉先までピンとしているもの。葉がしなびていたり、茎が半透明になっているものは鮮度が落ちています。緑と白のコントラストがはっきりしているものが良品。

保存方法

乾燥させないように新聞紙に包んでからビニール袋に入れて冷蔵庫の野菜室へ立てて保存。新聞紙は濡らしておくとなおgood。あまり日持ちがしないので、早めに食べるように。

　淡白ながらほんのりとした辛味と香り、シャキシャキとした歯ざわりが魅力。冬から春が旬。長野県では、冬場の野菜として人気があり、東信では冷涼な気候を利用して夏から秋にかけての栽培がさかんです。

　京菜ともよばれ、日本原産。肉や魚の臭みを消す作用があり、関西地方ではハリハリ鍋が郷土料理として有名。淡い色の外見や淡白な味からは想像もつきませんが、優秀な栄養価で、β-カロテンを豊富に含む緑黄色野菜。

　サラダやおひたし、炒め物など幅広い料理で大活躍。生で食べる場合は、軽く塩もみし、しんなりさせると口当たりがソフトに。辛味や苦味は、水にさらすとやわらぎますが、ビタミンCが水に溶け出すので注意。β-カロテンは油といっしょにとると吸収力がアップします。

NAHO's Recipe
水菜の漬物

 調理時間3分（漬ける時間を除く）

栄養

皮膚や粘膜を健康に保つβ-カロテンが豊富。コラーゲンの合成を助けるビタミンCや骨を丈夫にするカルシウム、貧血予防に効果があるとされる鉄や葉酸、血圧上昇の抑制に働くカリウムなどがバランスよく含まれています。食物繊維も多く、便秘改善や血糖値の低下が期待されます。

手軽な一品。水菜がさっぱりと！たくさん食べられます

材料：（作りやすい分量）

- 水菜…1束（200ｇ）
- 塩昆布…10ｇ
- 酢…小さじ2
- レモン汁…少々

how to

① 水菜は洗って、根元を切り落としてから4〜5cm幅に切る。
② ビニール袋に水菜とほかの材料を入れてよくもんで冷蔵庫で一晩おく。

れんこん

民間療法にも利用された栄養野菜

信州での旬 初冬〜春先
Autumn & Winter

穴から「先が見える」「見通しがよい」ことから縁起がいいとされ、おめでたい席に欠かせません。この穴は通気孔で、葉や茎から取りこんだ空気を水中の地下茎や根に送っています。そのため、蓮は葉も茎も根もすべてに穴があいているんです。

「蓮の根」と書きますが、実際は根ではなく蓮の地下茎。夏には大きな花を咲かせ、冬に栽培沼から掘り出して収穫します。各地の城の堀には蓮が植えられていますが、これは非常食用であったといわれています。

長野市若穂綿内では「綿内れんこん」が作られています。足のつけ根まであるあるゴム長靴を履いて、体全体を使って手作業で掘り出します。粘土質の土壌なので粘けがあり、農家さんおすすめの食べ方は、おでんとのことです。

選び方

形がふっくらとして丸く肉厚、節と節の間が長く太くてまっすぐ、外皮が淡黄色か淡褐色で傷がなくツヤがあるものが良品。穴の内側が黒っぽいものは、古いので避けましょう。色が白すぎるものは漂白されている可能性あり。

保存方法

切ったものは、切り口をラップでぴっちり包み、ポリ袋に入れて野菜室へ。上下に節のついたものは、切ったものより長持ちします。皮をむいたものは、全体が水につかるように密閉容器で保存しておけば変色はある程度防げます。

栄 養

ビタミンCが豊富。ビタミンCは熱に弱いのですが、れんこんはでんぷん質が多いため加熱しても損失が少ないのが特徴。粘りけの成分は、ムチン。切り口が黒くなるのは緑茶にも含まれるタンニン。昔から、れんこんはのどの痛みの緩和、咳止め、むくみ解消、消化促進、滋養強壮、口内炎、肌荒れなどによいとされ、民間療法に使われています。

NAHO's Recipe
れんこんのはさみ照り焼き

 調理時間20分

サクサクなれんこんとジューシーな具が食欲をそそります。ビールが欲しくなる♪

材料：(2〜3人分)

- れんこん…1節（約200ｇ）
- 豚ひき肉…150ｇ
- 青しそ…10枚
- ゆずこしょう…小さじ1
- 片栗粉…大さじ2
- A
  - しょうゆ…大さじ2
  - みりん…大さじ2
  - 酒…小さじ2
  - 砂糖…大さじ1

how to

① れんこんは皮をむいて7mmくらいの輪切りにし酢水にさらしておく。Aの材料を混ぜておく。

② 青しそはみじん切りにし、豚ひき肉、ゆずこしょう、片栗粉といっしょに手でしっかりと混ぜ合わせる。

③ ①のれんこんの水けを切り、片栗粉（分量外）をまぶし、②をれんこんとれんこんの間にはさむ。

④ フライパンに油をひき弱火で片面5分、裏返して蓋をして5分焼く。Aを回し入れ、からんだら火を止める。

＊ 焦げやすいので注意！

受け継がれる伝統野菜

　伝統野菜とは、その地域で種を採取し、気候風土にあった古くから栽培されてきた在来品種で、食文化とともに世代を超えて地域に受け継がれてきました。しかし、収量が少ない、病気に弱い、手間がかかる、形がふぞろいなどという理由から大量生産、大量消費の時代に適応できず、生産者が減少し多くが消失してきています。地産池消、食と農業が見直されている現在、全国各地で伝統野菜の復活、普及を目指す動きがあります。

　山形県の在来作物と種を守り継ぐ人びとの物語・映画「よみがえりのレシピ」では、伝統野菜は味、香り、手触り、栽培方法、調理方法を現代に伝える「生きた文化財」であり、「ここにしかない価値」だと伝えていました。山形のイタリアンレストラン「アル・ケッチャーノ」の奥田政行シェフが野菜の個性に光を当てた料理を提供し、全国各地にファンを作っています。

　私の住む長野県でも信州の伝統野菜の保存と継承を図るために平成18年（2006）「信州の伝統野菜認定制度」を創設。「来歴」「食文化」「品種特性」の基準をクリアした野菜を「信州の伝統野菜」に選定し、現在71種あり、年々増えています。またその中から伝承地栽培認定基準の「地域基準」「生産基準」を満たした認定伝統野菜が44種ほどあります。

（平成27年9月30日現在）

【須坂市】
沼目越瓜の種を取り
漬物に加工するNAHO

【中野市】ぽたんこしょう
【信濃町】ぽたごしょう
【小布施町】小布施丸なす
【長野市】戸隠大根
【須坂市】八町きゅうり、沼目越瓜、村山早生ごぼう
【千曲市、坂城町】ねずみ大根
【飯田市】下栗芋

【飯田市】
下栗芋が生産される急斜面と、田楽

　郷土料理とセットで存在することが多いのが伝統野菜。中野市豊田、信濃町に伝承されている**「ぽたんこしょう・ぽたごしょう」**は、パプリカのようなベル型をした唐辛子の仲間。みそ漬けや天ぷらなどに使われています。また伝統食「やたら」にも使われています。やたらは、夏野菜を細かく刻み塩やしょうゆで味付けをしてご飯にのせて食べる料理で、ぽたんこしょうが必須です。

　また、信州の伝統野菜には大根が多く選定されています。坂城町や千曲市での「おしぼりうどん」に欠かせない**「ねずみ大根」**、江戸時代からそばの薬味として使われてきた**「戸隠大根」**などです。「**下栗芋**（二度芋）」は、小ぶりで糖度が高く、丸ごと田楽いもとして使われています。飯田市上村下栗の最大斜度38度の急傾斜の畑で栽培されます。ぜひみなさんもその土地で味わってみてはいかがでしょうか。現代の食生活に合わせた料理や加工品も考案されてきています。

　伝統野菜は農業の原風景、本物の野菜です。野菜本来の濃い味。物語があります。私はそんなお話を聞くのが大好きです。単に生産を増やすだけでなく、知ってもらうこと、食べ方の提案、販路確立がなければ継承は難しいと感じます。私もその一助になれたらと思っています。

受け継がれる伝統野菜

はっちょう
八町きゅうり

収穫時期：6月下旬〜9月
伝承地域：須坂市

リボンきゅうり巻きおにぎり
（調理時間10分）

材料：（作りやすい分量）
- 八町きゅうり、ごはん…各適量
- 具…
  梅×かつおぶし、ツナ×マヨネーズなど

how to

① 八町きゅうりは、ピーラーで縦にリボン状にスライス。一口サイズにご飯を握り、まわりにきゅうりを巻く。巻き終わりは、きゅうりときゅうりを重ね合わせることで水分でくっつく。
② お好みの具をのせて、できあがり。

昭和20年（1945）ごろに須坂市上八町の農家によって育種。昭和30年代に人気を博していましたが、果樹栽培の普及で栽培面積が減少。果皮が薄く、食べやすい反面、日持ちがよくないので交配種に押されてしまいました。

近年、八町きゅうりを見直す動きが高まり、平成17年（2005）に八町きゅうり研究会が設立。一般的なきゅうりよりも太くて短く、果皮には白色のイボやブルームがあり、軽い食感です。みずみずしく甘みがあるので、生食がおすすめですが、浅漬けなどでも利用されます。収穫時期は6月下旬〜9月。生産者さんが、「出はじめのころは青年期で、みずみずしい。中盤は壮年期で、味が充実。終盤は、老年期で深みが出てくる」と人生にたとえられていたのが印象的でした。みなさんも時期による味の違いを堪能してみてくださいね。

沼目越瓜
ぬ ま め し ろ う り

収穫時期：7月下旬～9月上旬
伝承地域：須坂市

沼目越瓜粕漬けのブルスケッタ
（調理時間10分）

材料：（2人分）
- 沼目越瓜粕漬け…1/2枚
- クリームチーズ…45g
- にんにく（すりおろし）…小さじ1
- オリーブオイル…大さじ1
- フランスパン（スライス）…4枚

how to
① 粕漬けを細かく切り、クリームチーズとよく混ぜる。
② フランスパンを薄切りにし、すりおろしたにんにくとオリーブオイルを混ぜたものを表面に塗って、トースターなどで軽く焦げ目がつくまで焼く。
③ ②のフランスパンに①をのせる。

　須坂市沼目地区で栽培されてきた在来種。皮が薄く肉厚で歯ごたえがよく、粕漬けに最適。江戸時代から漬物用として栽培され、須坂藩の殿様が食べていたという記録もあります。その評判は全国に広がり、昭和初期には沼目越瓜採取組合が発足、種の注文が各地から相次ぎました。しかし、多くの農家が、果樹栽培へと移行し、近年は1軒のみでの栽培となってしまいました。

　大切な食の財産を廃れさせてはいけない、沼目越瓜を信州の漬物文化とともに次世代に繋げていきたいと、平成26年（2014）に沼目越瓜の会を立ち上げ、遊休農地を借りて、9人の農家さんと沼目越瓜の栽培をはじめました。夏に瓜を収穫し、粕に漬けこみ、冬には販売と私もすべてに携わっています。今後は漬物以外の食べ方も提案していきたいと思っています。

皮ごと食べられる伝統野菜

村山早生(わせ)ごぼう

収穫時期:7月中旬～11月中旬
伝承地域:須坂市

須坂市村山の千曲川河川敷で栽培される、秋まき夏どりの早生種。昭和22年(1947)ごろに村山地区の農家が東京から入手した「中の宮早生ごぼう」を改良したといわれています。昭和30年ごろの最盛期に生産農家は100戸を超えていましたが、その後は果樹栽培の普及で減少。そこで平成19年(2007)に村山早生ごぼう生産組合を設立。現在も十数人の農家が生産していますが、その多くがご高齢です。

村山早生ごぼうは、色が白く、アクも少なく柔らかい食感。皮むき不要、アク抜き不要で、おいしい!香りもよい!使い勝手のいいごぼうで人気があります。生産者さんは、生でサラダで食べることもあるとか。須坂市名物「みそすき丼」にも使われています。

村山早生ごぼうの
アンチョビクリームソース
(調理時間15分)

材料:(2人分)
- トマト…1個
- パセリ…少々
- 村山早生ごぼう…1本
- オリーブ油…小さじ2
- アンチョビペースト…小さじ1
- 生クリーム…100ml

how to

① トマトは1cm角に、パセリは粗みじん切りにしておく。
② ごぼうは洗って、皮付きのまま皮むき器(ピーラー)で細長くスライスし、水を少々を加えて電子レンジで加熱する(600Wなら4分程度)。
③ フライパンにオリーブ油を入れてアンチョビペーストを加え、ごぼうと汁を加えて加熱する。
④ 水けがなくなったら生クリームを加え、①を加えて混ぜ、全体に火が通ったら、皿に盛る。

小布施丸なす

収穫時期：7月～9月
伝承地域：小布施町

小布施丸なすのお手軽おやき
（調理時間60分）

材料：（12個分）
〈生地〉
- 強力粉…300ｇ
- 熱湯…300ml
- サラダ油…大さじ1
- 砂糖…大さじ1
- 片栗粉（手付け粉）…適量

〈具〉
- 小布施丸なす…2個
- 青しそ…5、6枚
- 信州みそ…50ｇ
- 砂糖…小さじ1
- サラダ油…大さじ1

how to

〈生地〉
① ボウルにすべての材料を入れ、手で混ぜてひとまとめにする。全体がなめらかになるまで2～3分練る。ラップをし、20分常温で寝かせる。
② ①を12等分にして丸め、手付け粉を少々つけて、直径約10cmに丸くのばす。
③ 1個分のあん（具）を生地の中央に置き、周囲の生地を寄せてひだを作りながら包み、口をしっかりと閉じる。閉じ口を下にし、回転させて形を丸く整える。
④ 蒸気の上がった蒸し器に入れ、中火で20分間蒸す（蒸し器にクッキングシートを敷いておくとよい）。

〈具〉
① 小布施丸なすは、1cm角に切る。青しそは千切りにする。
② フライパンにサラダ油を熱し、なすを炒める。火が通ってきたら、信州みそ、砂糖を加えさらに炒め、最後に青しそを入れて軽く炒める。

「小布施丸なす」はまん丸ではなく巾着型ででっぷりとし、重さは250～400ｇほど。肉厚、緻密な果肉は煮崩れしないのが特徴。ツヤツヤの濃い紫色です。一般的な長なすは、1本の株から100個ほど収穫できますが、小布施丸なすは10個とわずか。最盛期の大正時代には全国まで広がりましたが、昭和30年代になると埋もれた存在に。

平成19年、伝統野菜に選定されたことをきっかけに復活。「収穫したてをかじると甘くてジューシーでりんごのような味に感動し普及させたいと思った」と語る若い生産者。現在は、小布施丸なす研究会が発足し、小布施丸なすが食べられるレストラン、加工品、レシピ集、キャラクターも登場し、全国発送ができるまでに。地域の起爆剤になっています。

囲炉裏で焼くおやき【小川村】

雪景色の黒姫高原【信濃町】

Tree nuts & Fruit

果物

初春のいちご、初夏のさくらんぼ、あんず、真夏のスイカに、桃。秋は、なし、ぶどう、りんご！まさに信州はフルーツ王国。ブルーベリー、プラム、プルーン、柿もあります。

雨が少なく日照時間が長いこと、昼夜の気温差が大きいことから、おいしいフルーツができます。畑でもぎ採って食べるフルーツは格別です！

さくらんぼ

初夏を告げる赤いルビー

信州での旬
4〜7月上旬
ハウス・露地

Tree nuts & Fruit

選び方

はじけそうなハリがあるものが良品。傷の有無や色のあざやかさもチェックしましょう。パックに入っているものは、下のほうが傷んでいることがあるので注意。

保存方法

雨に濡れるとすぐ傷むほどデリケート。鮮度が落ちやすいので早めに食べましょう。保存に不向きですが、数回に分けて食べたいときは、直接冷気が当たらないように、ビニール袋（呼吸ができるように穴を開ける）に入れて野菜室へ。

　キラキラと輝く姿で高級品というイメージがありますが、それもそのはず、栽培にはとても手間がかかります。作業の1つ「葉上げ」は、果実がきれいに色づくように葉を輪ゴムでくくり、太陽の光がよくあたるようにします。

　さくらんぼは、お花見をする桜の木に実がなるのでは？そう思ったことありませんか。さくらんぼがなるのは、西洋実桜（桜桃）という種類の木。桜の花はピンク色ですが、さくらんぼのなる木は白い花を咲かせます。

　また日持ちしないため出回る時期が短いので、さくらんぼ狩りがおすすめ。農家さんによれば、目の高さはおいしいところを食べられてしまうので、上のほうのさくらんぼを選ぶと、太陽の光をたくさん浴びたおいしいさくらんぼが手つかずで残っているとのことです。

栄養

微量ですが、ミネラル、各種ビタミン、リンゴ酸、クエン酸、ブドウ糖、果糖がバランスよく含まれているので、疲労回復、美肌作用、高血圧予防が期待できます。ほかの果物に比べて、カルシウムや鉄分を多く含んでいるので骨や歯の強化、貧血予防にもいいといわれます。柄の部分には、利尿作用があり、漢方では腎臓病の療法に使われます。

NAHO's Recipe
さくらんぼの しゅわしゅわサイダーゼリー

調理時間10分（冷やしかためる時間を除く）

シュワシュワとした初夏の簡単デザート。

材料：（4人分）
- さくらんぼ…15粒くらい
- 粉ゼラチン…10g
- 水…100ml
- グラニュー糖…大さじ1
- サイダー…500ml
- レモン汁…大さじ1

《飾り用》
- さくらんぼ…4粒

how to

① さくらんぼの柄を取り、実に少し切れ目を入れて種を取り除く。
② 鍋に水、グラニュー糖を入れて加熱し溶かす。火から鍋をおろして粉ゼラチンを入れて溶かしたら、サイダーとレモン汁を加えてよく混ぜ、とろみがついたら、3/4量をバットに移す。残りの1/4量はボウルへ移す。
③ バットには①のさくらんぼを加え、冷蔵庫で冷やしかためる。
④ 取り分けた1/4量の液は、ボウルを氷水にあてながら泡立て器で泡立てて、冷蔵庫で冷やす。
⑤ かたまったら、③のバットのゼリーをクラッシュしてグラスに盛りつけ、仕上げに④の泡をのせて、さくらんぼで飾る。
＊ サイダーをシャンパンにし大人のデザートでもOK！

あんず

お花見も楽しめる実力派

信州での旬
6月下旬
～7月

Tree nuts & Fruit

選び方

きれいなオレンジ色で、皮にハリとツヤがあり、ふっくらと丸く、実がしまっているもの。

保存方法

日持ちしないので、冷蔵庫の野菜室に入れて2、3日で食べきりましょう。または早めに加工しましょう。

　長野県では、千曲市で栽培がさかん。桜より少し早く淡いピンク色の花を咲かせ、「一目十万本」といわれる日本一のあんずの花見も人気です。

　ジャムやシロップ漬け、ドライフルーツなどの加工に使われることが多いですが、「ハーコット」など酸味が少ない生食に適した品種もあります。品種によって、食べ方を変えてみましょう。ドライのものは、栄養が凝縮され、スポーツなどの疲労回復、サラダやお菓子にも最適です。あんず酒は、冷え性や滋養強壮に効果が期待できます。

　あんずの林を「杏林(きょうりん)」といいます。中国では古い故事から杏林は名医を指します。あんずの種の中身(仁)を取り出したものが、「杏仁(きょうにん)」(「あんにん」とも)。中国料理のデザート、杏仁豆腐でおなじみです。漢方薬としても使われ、せき止め、のどの痛み、便秘に効くといわれています。

NAHO's Recipe
あんずの天ぷらスイーツ

 調理時間15分

栄養

フルーツの中ではβ-カロテンが多く含まれているのが特徴。カロテンは、体の中でビタミンAとして働き、肌荒れや冷え性などの改善が期待できます。抗酸化作用も発揮します。また酸味の成分、リンゴ酸やクエン酸などの有機酸を多く含み、夏バテなど食欲のないときにおすすめ。アミノ酸の一種、ギャバはストレス軽減、リラックス効果も。リンやカリウム、鉄分なども豊富です。

手軽なおやつ。酸味のあるあんずも衣が甘いので食べやすくなりますよ〜。

材料：（4人分）

- あんず…8個
- ホットケーキミックス…100g
- 卵…1/2個
- 牛乳…60ml
- サラダ油…適量
- 粉砂糖…適量

how to

① あんずはよく洗って、線に沿って切れ目を入れて半分に割り、種を取る。
② ボウルに溶いた卵と牛乳を入れて混ぜ、ホットケーキミックスを加えてさらによく混ぜ合わせる。
③ ①のあんずを②の衣にからめる。
④ 170℃のサラダ油できつね色になるまで揚げる。粉砂糖を振りかける。

ブルーベリー

小さいながらも頼もしい存在

信州での旬
6月下旬
〜8月下旬

Tree nuts & Fruit

選び方

紫色が濃くあざやかなものを選ぶ。大粒のほうが甘いといわれています。果皮にハリがあり、白い粉(ブルーム)がついているのが新鮮。パックで買うときは、下のほうがつぶれていないか、裏側もチェックしましょう。

保存方法

密閉容器に入れて冷蔵庫の野菜室で2、3日以内に食べきりましょう。傷みが早いので、できるだけ早く加工にするか、冷凍保存しましょう。冷凍の際は、果実を洗わずに保存袋に小分けに。

　春には白い花を房のようにつけ、果実は緑→赤→青紫と色を変化させます。長野県は生産量日本一で、6月中旬〜8月下旬が出荷時期。秋になるとあざやかな紅葉が見られます。ほかの果樹と比べて病害虫がつかず、低木で収穫もしやすいので、家庭で庭木として栽培している人も多くいます。

　ブルーベリーは世界に150種類以上の品種があるといわれ、大きく分けると野生種(ワイルド)と栽培ブルーベリーがあり、さらに栽培ブルーベリーにはラビットアイ種とハイブッシュ種があります。長野県では耐寒性のあるハイブッシュ種がおもに栽培されています。サプリメントなどで注目の「ビルベリー」は野生種。ブルーベリーの果実より葉に多くのポリフェノールがあることがわかり、お茶やエキス粉末、サプリメントなどの商品が開発されています。

栄養

紫の色素アントシアニンが豊富ということが有名。これはポリフェノールの一種で抗酸化作用があるといわれています。また、食物繊維の含有量が果物の中でトップクラス。整腸作用を助けます。ビタミンCやビタミンEも含まれています。野菜だと加熱によって栄養素が失われてしまう水溶性のビタミンCも、生で食べられるブルーベリーなら、効率よく栄養を摂取できます。

NAHO's Recipe

甘酒で作る
ブルーベリーフローズンヨーグルト

🕐 調理時間5分（凍らせる時間を除く）

材料：(2人分)

- ブルーベリー…100g
- プレーンヨーグルト…100cc
- 甘酒（米糀使用）…100cc

栄養豊富な甘酒は、江戸時代には夏バテを防ぐ飲み物。「飲む点滴」とよばれています。

how to

① ブルーベリー50g、プレーンヨーグルト、甘酒をミキサーにかけ、よく混ぜる。

② ①を容器に入れて残りのブルーベリー50gを入れて混ぜる。

③ 冷凍庫で凍らせる。途中2回ほど混ぜて空気を含ませると口上がりがなめらかになります。ミントの葉などを飾ってできあがり。

プルーン
プラム

「生命の実」ともよばれる果実

信州での旬
7月下旬
〜9月

Tree nuts & Fruit

 選び方

プルーンは、ブルームがついたものを選ぶ。表面にハリがあり、弾力性があるもの。香りが強いものが食べごろ。プラムは、果皮が全体に色づき、ハリと弾力があるもの。ずっしりと重みがあるものを選ぶ。ブルームは新鮮な証。食べごろになるとよい香りが立ってきます。

 保存方法

プルーンの未熟なものは、常温で保存すると追熟し、甘みが増しておいしい。すぐに食べない分は、密封して冷蔵庫の野菜室へ。プラムは、乾燥しないように新聞紙などに包み冷蔵庫の野菜室で保存。未熟なものは、常温で保存して追熟させる。完熟したものはすぐに食べましょう！

　プルーンもプラムも「すもも」の仲間。すももは、大きく分けて中国原産の「日本すもも（プラム）」と、ヨーロッパ原産の「西洋すもも（プルーン）」の2つに分類されます。ざっくりいえば、プラムは赤色、プルーンは紫色という感じ。

　プルーンは、長野県が全国1位の出荷量。7月中旬から10月上旬までさまざまな品種がリレーされます。加工品のイメージが強いですが、生で食べてみてください。甘みと酸味のバランスがよく、おいしいですよ。

　プラムも、品種はさまざま。代表的な「大石早生」のほか、「ソルダム」「太陽」などがあります。最近は「貴陽（きよう）」が登場。とても実が大きくて、ほかと比べても2〜3倍ほどの大きさ。希少な果物で贈答品としても人気があり、わが家でも栽培しています。

NAHO's Recipe

プルーンとプラムのスムージー

 調理時間5分

栄養

プルーンは、ミネラル、ビタミンをバランスよく含みます。食物繊維のペクチンも含まれます。栄養は、皮の部分に多いので皮ごと食べるのが効果的。血を作るビタミンB群も含まれ、とくに乾燥させたものは鉄分が多いので貧血予防におすすめ。プラムの酸味は、リンゴ酸やクエン酸などで疲労回復に。食物繊維のペクチンが多く、整腸作用も期待できます。カリウムが豊富で、高血圧予防にも。

材料：(1人分)
- プルーン…3個
- プラム…1個
- 冷凍バナナ…1本
- プレーンヨーグルト…大さじ2
- 牛乳（または豆乳）…120ml
- はちみつ…小さじ1

元気の出るドリンクです♪
果物ごとミキサーにかけて層になるように注ぐでもオシャレ！

how to

① 冷凍バナナは一口大に切り、プルーン、プラムは半分に切って種を取る。
② ①とすべての材料をミキサーにかけ、コップに注ぐ。

桃

果汁たっぷりの万能フルーツ

信州での旬
7月下旬
～9月

Tree nuts & Fruit

選び方

ふっくらときれいな丸みをしていて、割れ目が左右対称のもの、全体が紅く色づいているもの、全体にうぶ毛がまんべんなく生えているもの、甘い香りがするものを選ぶ。直売所などで農家さんに直接聞いて買うのもいいですね。

保存方法

熟していないものは新聞紙などに包み、常温保存しておくと追熟されます。軸のまわりの青みがなくなって、軽くふくれてやわらかくなったら食べごろです。冷やしすぎると甘みが落ちるので、食べる2～3時間前に冷蔵庫の野菜室へ入れる。傷みやすいので早く食べ切りましょう。

　とろけるようなやわらかさを好む人もいれば、カリッとしたかたさがあるものが好きな人もいますね。品種によってもさまざま。新鮮な桃ほど、うぶ毛が多いです。そのうぶ毛が日焼けを防いだり、病気や虫から実を守っています。

　桃の品種は大きく分けると3つ。甘みが強く肉質がやわらかな「白鳳系」、肉質がしまっていて日持ちがいい「白桃系」、黄色でまったりとした食感の「黄金桃系」。長野県では、「白鳳」「あかつき」「川中島白桃」などさまざまな品種が作られています。長野県は、全国3位の生産量。桃の仲間「ネクタリン」の生産量は全国1位で、最近は酸味の少ない品種も出てきています。

　山根白桃×ネクタリンを交配させた「ワッサー」も人気。須坂市の中村渡さんが自然交配されたのを発見し、日持ちもしておいしいです。

栄養

食物繊維のペクチンが豊富。整腸作用があるといわれて、便秘解消におすすめ。体の中の塩分（ナトリウム）と結びついて排出するカリウムも含み、高血圧予防が期待されます。またカリウムは、足がつるなどの長時間の運動による筋肉けいれんなどを防ぐ働きもあります。ポリフェノールの一種であるカテキン類や鉄分やマグネシウムも含まれ、女性にうれしい夏のフルーツです。

桃の香りが引き立つホットデザート。冷蔵庫で冷やしてもおいしい♪

NAHO's Recipe
桃のグラタン

調理時間15分

材料：（2人分）
グラタン皿 約18cm×10cm 長方形を使用

- 桃…1個
- A
  - 卵…1個
  - グラニュー糖…大さじ1
  - 牛乳…60ml
  - バニラエッセンス…3滴
- 小麦粉…大さじ1
- アーモンドスライス…大さじ1

how to

① 桃は皮をむき、薄くくし切りにする。
② ボウルにAを入れて泡立て器でよく混ぜ、小麦粉を振り入れてさらによく混ぜる。
③ 耐熱の器（グラタン皿）に桃を並べ、②の卵液を注ぎ入れる。アーモンドスライスを散らす。
④ オーブントースターまたはグリルで8〜10分焦げ目がつくまで焼く。

りんご

長野県生まれの
オリジナル品種も

信州での旬
8〜2月
Tree nuts & Fruit

　長野県は全国第2位の生産量。長野オリジナル品種「秋映(あきばえ)」、「シナノスイート」、「シナノゴールド」もあり、収穫最盛期の11月22日は「いいふじ」の語呂合わせから「長野県りんごの日」に制定されています。私の誕生日でもあり、りんごには縁を感じています。長野県では、りんごは品種名でよぶのが一般的。

　よく聞かれますが、国内で栽培しているりんごにはワックスはかかっていません。水分を蒸発して乾燥しないように、りんごが「ロウ物質」を分泌。成熟が進むとりんごに含まれる不飽和脂肪酸(ふほうわしぼうさん)が皮の表面に溶け出し、表面がベタベタしたような状態になるんです。「油あがり」とも言います。自然のもので表面がべたついているものは完熟の証です。「1日1個のりんごは医者いらず」などといわれるように体によい果物なので、いろんな料理で幅広くお楽しみくださいね。

■ 選び方

皮の色が濃く、ハリとツヤがあって重量感があるもの。熟すにしたがって、皮が赤い品種は赤くなり、おしりの部分も緑色が黄色がかってきます。

■ 保存方法

温度差のあるところでは傷むので、ポリ袋に入れて冷蔵庫の野菜室へ。冷蔵庫に入りきらない場合は、暖房された部屋や日の当たる場所は避け、湿度の低いところへ。りんごが放出するエチレンガスは、ほかの果物を早く熟成させる効果があるのでいっしょにビニール袋に入れておくと追熟されます。

栄養

酸味の主成分は、リンゴ酸やクエン酸で、胃液の分泌を促して消化・吸収をよくする働きがあるといわれます。とくに、胃弱のときは、皮を除いてすり下ろしたり、りんごジュースがおすすめ。クエン酸には疲れを緩和してくれる働きもあります。また食物繊維が豊富です。ポリフェノールとよばれる抗酸化成分も皮に近い部分に豊富に含まれるので、皮つきのまま食べましょう。

NAHO's Recipe
輪切りりんごのバターソテー

🕐 調理時間5分

香りと甘みが引き立つ、お手軽おやつ

材料：（2人分）
- りんご…1個
- バター…5g
- シナモン…小さじ2

how to

① よく洗ったりんごを皮つきのまま好みの厚さに輪切りにする。

② フライパンにバターを熱し、①を入れて、強火で2分、裏返して2分焼く。

③ シナモンを振りかける。

＊ ココナッツオイルでソテーするのもいいですね。バニラアイスを添えてもおいしい！

梨

「日本」は歯触り
「西洋」は舌触り

信州での旬
8月下旬
〜12月

Tree nuts & Fruit

梨には、日本梨（和梨）と西洋梨（洋梨）があります。日本梨は、みずみずしく、ほどよい甘み、シャキシャキした食感で、秋を感じる果物。一方、洋梨は、甘くとろけるようなねっとりとした食感。「日本梨は歯ざわり、西洋梨は舌ざわりに真の味がある」といわれています。ヨーロッパでは、日本梨は「サンド・ペール（砂の梨）」とよばれ、砂をジャリジャリかんでいるようだとほとんど食べないそう。

日本梨、西洋梨、どちらも長野県でも栽培され、さまざまな品種があります。日本梨では、赤梨の「幸水」「豊水」、長野県オリジナルの「南水」、青梨の「二十世紀」「サンセーキ」などがあります。西洋梨は、「ラ・フランス」「ル・レクチェ」「オーロラ」などがあります。

選び方

日本梨は、形がよく、皮に色むらがなくハリがあり、同じ大きさなら重みがあるもの。また軸がしっかりとしていて、お尻がふっくらとしていて広いものがいい。西洋梨は、皮に傷があるものは腐りやすいので避けて、ツヤがあるものが良品。

保存方法

日本梨はなるべく早く食べましょう。水分が蒸発するとかさかさになるので、乾燥を避けるためにビニール袋に入れて冷蔵庫の野菜室で保存。西洋梨は、未熟な場合は紙袋などに入れて、室温で追熟させる。長期保存は、ビニール袋に入れて冷蔵庫の野菜室へ。

栄養

日本梨は水分が豊富。果糖やリンゴ酸、クエン酸には疲労回復効果があるといわれます。糖アルコールの一種「ソルビトール」は整腸作用あり。梨のシャリシャリ感は「石細胞（せきさいぼう）」という食物繊維の一種で便秘予防に効果。プロテアーゼを含み、肉をやわらかくするために利用されます。西洋梨も、水分と食物繊維が多く含まれ、多いのは糖質やカリウム、少ないのは石細胞。

梨のみずみずしさをサラダでお楽しみ下さい。

NAHO's Recipe

日本梨のシャキシャキサラダ

 調理時間10分

材料：（4人分）

- ベビーリーフ…1袋
- 日本梨…2個
- 干しぶどう…大さじ2

- A
  - オリーブオイル…大さじ2
  - りんご酢…大さじ2
  - 粒マスタード…小さじ2
  - 砂糖…小さじ1
  - 塩・こしょう…少々

how to

① 梨は、皮をむいて長さ3cmのせん切りにする。

② Aの材料を混ぜてドレッシングをつくる。

③ ボウルにベビーリーフ、梨を入れて混ぜ合わせ、②のドレッシングをかけて軽く混ぜる。器に盛りつけて、干しぶどうを散らす。

クルミ

「貴族の美容食」
といわれた高い栄養価

信州での旬
9月〜10月

Tree nuts & Fruit

選び方

持ったときに重く感じるものを選びましょう。穴があるときは虫がいることがありますので注意。殻の色が薄いほど新しく、濃いと時間が経っています。

保存方法

脂質が多く酸化しやすいので殻つきのまま保存するのがおすすめ。殻から出したものは、密閉容器に入れて冷蔵保存しましょう。匂いの強い食品の近くで保存すると、食材の香りがクルミにつくことがあるので注意。食べるときにしんなりしている場合は、少し乾煎りすると食感がよみがえります。

　古代ペルシャが原産地といわれ、紀元前7000年の昔から人類が食用にしていた最古の木の実といわれています。長野県は生産量日本1位。とくに東御市が一大産地。私の実家にもクルミの木があり、長い竹ざおで木の枝から実を叩き落して収穫していますが、産地でも同じく昔ながらの方法を取っています。

　クルミは、栗やアーモンドと同じ堅果(けんか)(ナッツ)の仲間。オニグルミ、ペルシャグルミ、カシグルミ、信濃クルミなど品種はさまざま。信濃クルミは、大型で殻が薄く割れやすく、収量も多い優良品種。名のとおり長野県で作り出されたものです。

　クルミはそのままでもよし、ケーキなどのトッピング、砕いてサラダにかけたり、すりつぶしてディップ、そばのつけだれなど、いろいろ楽しめます。

NAHO's Recipe
クルミみそ

 調理時間10分

栄養

脂質、たんぱく質、ビタミン、ミネラル類をバランスよく含み、脂質はコレステロールを下げる不飽和脂肪酸が豊富。また若返りのビタミンといわれるビタミンEも含まれ、美肌や老化防止が期待されます。血中コレステロールに対する抗酸化力や血行を促進する働きがあるといわれます。脂質代謝に欠かせないビタミンB_1、不眠におすすめのトリプトファンというアミノ酸も含みます。

おにぎりや田楽に！郷土料理「五平餅」は、クルミみそを塗って焼きます。

材料：（作りやすい分量）

- クルミ…50g
- みそ…100g
- みりん…大さじ4
- 砂糖…大さじ1

how to

① クルミは手で粗く砕く。お好みですり鉢で粗くすりつぶしてもよい。
② 鍋にすべての材料を入れて中火にかける。練りながら加熱して、煮詰まってきたら火を止める。

ぶどう

世界でもっとも多く
栽培されている果物

信州での旬
4〜12月
ハウス・露地

選び方

粒にハリがあり、ブルームがついているものを選ぶ。軸は、緑色でしっかりとしているものがよい。房にしっかりと実がついているものが良品。鮮度が落ちてくるとぼろぼろ取れます。果皮の色は、黒系、赤系の場合は色が濃いもの、緑系は黄色っぽいものが甘いでしょう。

保存方法

ビニール袋に入れて冷蔵庫の野菜室で保存。冷やしすぎると味が落ちます。表面のブルームは鮮度を保つ役割があるので、食べる直前まで洗い流さずに。ハサミで1粒ずつカットして保存用袋に入れて冷蔵&冷凍保存も可能。その場合は、ぶどうの軸を2〜3mm実側に少し残しておくのがポイント。

　栽培の歴史は古くおよそ5000年前から。その品種は1万ともいわれ、世界のぶどう生産量の約8割がワインの原料ですが、日本ではおよそ9割は生食用。

　長野県は、降水量が少なく昼夜の温度差が大きく、ぶどう栽培の適地で巨峰の生産量は全国1位。多くの品種がありますが、「巨峰」などの黒皮、「甲斐路」などの赤皮、「マスカット」のような緑皮の3種に分けられます。近年人気なのは、「ナガノパープル」「シャインマスカット」「クイーンニーナ」など。種がなく皮ごと食べられるぶどうのニーズが高まっています。ぶどうはツルに近い肩部分（上のほう）が甘みが強いので、下のほうから食べると最後までおいしく食べられます。

　フランス人はお肉をたくさん食べますが、赤ワインも大好き。この赤ワインのポリフェノールが動脈硬化を予防しているといわれています。

NAHO's Recipe
ぶどうの水切りヨーグルトパフェ

 調理時間10分（水切りの時間を除く）

栄養

ぶどうの糖分は、果糖とブドウ糖。体内ですばやくエネルギー源となるので、疲れた体にもってこいの果物。脳の栄養源でもあり、脳の働きを活発に。ビタミン、鉄、カリウム、食物繊維なども含まれています。また赤系、黒系ぶどうの皮には、抗酸化作用のあるポリフェノールが多く含まれていますので、洗って皮ごと食べるのがおすすめ。

材料：（2人分）
- ぶどう…10粒くらい
- 水切りヨーグルト…
  プレーンヨーグルト200g分
- 生クリーム…100ml
- グラニュー糖…大さじ1
- グラノーラ…大さじ2

how to

① ボウルで水切りヨーグルトと生クリーム、グラニュー糖を入れ、とろりとするまで泡立てる。
② ガラスコップに刻んだぶどう、グラノーラ、①のヨーグルトクリームを入れ、ぶどうを飾る。

ぶどうは、皮ごと食べられて種のない品種を選ぶと簡単です。

水切りヨーグルトの作り方

準備するもの：
- プレーンヨーグルト
- ザル、ボウル、キッチンペーパー

ボウルの上にザルを置き、ザルにキッチンペーパーを2、3枚敷き、キッチンペーパーの上にヨーグルトをのせる。お好みの時間（1時間だとサワークリーム風、一晩だとクリームチーズ風）、冷蔵庫に入れる。

いちご

ビタミンCの宝庫

信州での旬
12〜6月
ハウス・露地

Tree nuts & Fruit

選び方

鮮度が命。表面に光沢とハリがあり、へたがみずみずしく青々としてピンとしているものが新鮮。赤色が均一なものを選ぶ。表面のつぶつぶが飛び出しそうに浮いてきているものが完熟。パックの裏側も要チェック。

保存方法

痛みやすく日持ちがせずデリケート。すぐに食べない場合は、洗わずにラップで包んで冷蔵庫の野菜室へ。ジャムにするときはレモン汁を加えるとビタミンCが残ります。冷凍は、水洗いし、へたを取って、水けを取って、砂糖をまぶして冷凍すると果肉が傷んだり変色したりするのを防ぎます。冷凍したまま牛乳といっしょにミキサーにかければ、簡単にいちごシェイクが作れます。

　日本の生食での消費量は世界一。「東の女峰、西のとよのか」といわれましたが、品種改良が目覚ましく、新しい品種が続々と誕生しています。長野県ではオリジナル品種「サマープリンセス」という夏秋いちごの生産を進めているんです。

　いちごは、バラ科の多年生草本で、植物学の分類は野菜。木に実るのが、果物ですから。でも流通では果物として扱われています。メロンやスイカも同じです。先端のほうが甘いので、へたのほうから食べると最後まで甘みを楽しむことができますよ。へたのおもしろい取り方を伝授！ストローをいちごの先端から入れて、へたの方向にまっすぐグイっと刺すと、きれいに取れます。

　苺と漢字で書くと「草冠」に「母」。ランナーというツルを伸ばし、ひとつの株につぎつぎと実を生らせて、どんどん子株を生み出すことから、「お母さん」の文字を使ったようです。子孫繁栄のおめでたい食材といってもいいですね。

栄養

豊富に含まれるビタミンCは、風邪予防や美肌効果があるとされます。水に溶けやすく、へたをとって洗うと流れてしまうので、つけたまま洗いましょう。また食物繊維のペクチンが多く含まれます。血糖値の急上昇を抑え、老廃物の排出を高め、コレステロール値を下げる働きがあります。むし歯の予防のキシリトール、抗酸化作用のあるポリフェノールなども含まれます。

いちごの実を食べてもよし。飲んでもよし。炭酸水で割って飲めばサワーに。

NAHO's Recipe

いちごのピクルス

 調理時間7分（冷やす時間を除く）

材料：（作りやすい分量）
- いちご…150g
- A
  - りんご酢…150ml
  - 砂糖…75g
  - 白ワイン…100ml

how to

① いちごは水洗いし、へたをとって、水けを取っておく。
② Aの材料を鍋に入れてよく混ぜ、弱火で5分ほど加熱する。
③ 熱湯消毒しておいた保存瓶に、いちごを入れ、その上に沸騰した②の液をかける。すぐに蓋をして、粗熱がとれたら、冷蔵庫に入れて保存する。

lemon
レモン

NAHOのお気に入り

　レモンの香りは気分を明るくし、集中力アップに効果があるそうです。長野県もレモンに関係があります。春から夏場に空いたリンゴの冷蔵施設で広島産レモンを貯蔵しているところがあり、首都圏などに出荷されています。

　国産レモンは、広島県、愛媛県、和歌山県が主産地。露地では12月下旬〜3月、ハウスものは1年中入手可能。販売されているレモンはほとんどが輸入品で、多くは農薬がかけられています。輸入検査はされていますが、気になる人はノーワックスと明記された輸入レモンや国産レモンがおすすめ。

フレーバーウォーター
Flavor Water

how to

ミネラルウォーター（炭酸水でもOK）に、果物や野菜、ハーブを入れて一晩冷蔵庫で寝かせるだけ。ミキサー不要。デトックスウォーターともいわれ、ビタミンなど水溶性の栄養素を効率よく摂取できます。透明なボトルやガラスジャーに入れるのがおすすめ。皮付つのレモンを使うときは、皮に塩をつけてこすり、水でよく洗ってくださいね。

レモン＋ミント
夏場の水分補給にぴったり♪
ミントの香りで気分をリフレッシュ！

レモン＋ミント＋キュウリ
キュウリのカリウムは、
体の余分な熱を排出し
体を冷やす作用あり。

Banana
バナナ

アスリートフードとして知られているのが、バナナ！消化吸収がよく、即効性と持続性のあるエネルギーを持つためスポーツの栄養補給にぴったりです。腹持ちバツグン。クエン酸が含まれるかんきつ類、キウイフルーツ、酢などと摂るとエネルギー代謝を円滑に。手早く元気を出したいときは、バナナをご利用ください。栄養価が高く、携帯にも便利。なんといっても皮をむくだけで手軽に食べられるのがうれしいですよね。熟すと甘みが増すだけでなく、免疫力が高まるといわれています。

スポーツバナナドリンク
Sports Dring

how to
バナナは皮をむいて1本ずつラップで包んで冷凍保存しておきます（冷凍しなくてもOK）。適量な大きさに切り、すべての材料をミキサーにかける。

りんご酢＋バナナドリンク
- 牛乳…150ml
- 冷凍バナナ…1本
- りんご酢…大さじ1
- はちみつ…お好みで

りんご酢に含まれるクエン酸で
エネルギー代謝や
疲労回復がスムーズに。

きなこ＋バナナドリンク
- 豆乳…150ml
- 冷凍バナナ…1本
- きなこ…大さじ1
- 黒蜜…小さじ1

きなこは食物繊維、ミネラル豊富。
豆乳はバナナに少ない
たんぱく質が含まれています。

ぶどう畑【須坂市】

Mushroom

きのこ

和・洋・中、料理を選ばず大活躍！長野県での栽培の歴史は古く、冬に雪の多い季節の農家の副業として始まりました。現在では、1年を通して温度管理のできる施設で栽培されています。

えのきたけ、ぶなしめじ、なめこの生産量日本一です。もちろん、山々が連なる信州ですから、秋には野生のきのこも豊富です。秋の味覚の王様まつたけも日本一の出荷量です。

えりんぎ

食感が楽しめるきのこ

信州での旬
通年

選び方

かさにハリがあり内側に軽く巻いているものを選びましょう。ひだに変色がないこともチェック。また軸が白くて太くて弾力があるものが良品です。

保存方法

ラップに包んで冷蔵庫の野菜室で保存。水けがあると傷みの原因になるので、水滴がついているときはキッチンペーパーでふき取る。水っぽくなったり、やわらかくなったり、変色してきたら劣化していて、においが出てきます。食べやすい大きさに切ってから冷凍保存も可。

　歯ごたえがよくクセがなく人気のきのこです。長野県と新潟県で全国の生産量の70％を占めています。イタリアなど地中海性気候地域を原産とし、日本では、1990年代に人工栽培がはじまり、きのこの中では新顔です。日本には自生していませんので、市場に出回るものは栽培物です。えりんぎの名前は、学名「プレウロタス・エリンギ」から。プレウロタスはヒラタケのことで、えりんぎはヒラタケの仲間。

　えりんぎは手で縦に裂いて使ってみましょう。断面が凹凸になって、味がからみ、染みこみやすくなります。煮物や炒め物、マリネなどにおすすめです。繊維を断ち切り、横に輪切りにするとアワビやホタテの貝柱に似たような食感に。切り方によって食感が変わります。料理に合わせて楽しんでください。

栄養

食物繊維が豊富なので便秘予防に役立ちます。またカリウムも多く含まれ、体内の余分な塩分（ナトリウム）と結びついて排出、高血圧の解消も期待されます。えりんぎだけでなくきのこ類には「エルゴステロール」という、日光に当てるとビタミンDに変換される成分が含まれて、カルシウムの吸収を助けます。また「βグルカン」は免疫力アップで注目の成分です。

お弁当に！おつまみに！やめられない。とまらない！

NAHO's Recipe

えりんぎのから揚げ

 調理時間15分

材料：(4人分)

- えりんぎ…300ｇ（一口大に乱切り）
- から揚げ粉（市販）…適量
- サラダ油…適量

how to

① えりんぎにから揚げ粉をまぶし、しばらくおいて味をなじませてから170℃〜180℃くらいの油で揚げる。
② お好みでレモン汁をかけていただく。

＊ から揚げ粉がなくても、かたくり粉に塩とカレー粉、またはガーリックパウダーなどを混ぜて使うといろいろな味を楽しめます。

えのきたけ

ダイエットと健康の強い味方

Mushrooms

信州での旬
通年

長野県はきのこ王国。なかでもえのきたけの生産量は日本一！ちなみに、ぶなしめじ、なめこの生産量も長野県が全国1位です。話題の「えのき氷」も長野県発祥です。

えのきたけの機能性を引き出すのに効果的な食べ方、それは「短く切って食べる」「よくかんで食べる」の2つ。東京農業大学の江口文陽（えぐちふみお）教授の提唱です。えのきたけの細胞壁はかたいので、長いままだと消化しにくいんです。その細胞壁には体内の余分な脂質を排泄する働きが期待される「キノコキトサン」などさまざまな栄養素が含まれていて、短いほうがより吸収率がアップするのです。また、紫外線を当てるとカルシウムの吸収を助けるビタミンが作られますので、料理前に日の光に少し当ててあげるといいでしょう。骨粗鬆症（こつそしょうしょう）の予防やお子さんにもぜひ食べてもらいたいですね。

選び方

軸が何本も重なって群生し、かさが開ききらないものが香りも味もいい。きれいな乳白色のものを選ぶ。古くなると軸が茶色くなり、先がなえて水っぽくなります。収穫してからも成長するので早めに使い切りましょう。

保存方法

ビニール袋に入れて冷蔵庫で4〜5日です。そのまま冷凍庫で凍らせて保存も可能です。使うときは、凍ったまま加熱調理しましょう。

栄養

数あるきのこの中でも食物繊維が豊富！なんとキャベツの2倍量含まれています。とくに不溶性食物繊維という水に溶けない食物繊維が多く、水分を含むことでかさを増し、大腸の働きを活発にして、腸にたまっている老廃物や便を排泄してくれます。えのきたけの食物繊維成分「キノコキトサン」は、血液中に溶けこむと血中の余分な脂をからめとるようにして排泄してくれます。

捨てがちな軸がごちそうに。産地中野市の定番料理です。

NAHO's Recipe

えのきたけの軸ステーキ

 調理時間10分

材料：（1人分）

- えのきたけの軸…1束
- バター…5g
- A
  - すりおろしりんご…大さじ1
  - すりおろし玉ねぎ…大さじ1
  - しょうゆ…小さじ2

how to

① えのきたけの石づき（根元のおがくずなどがついている部分）を切り落とし、根元のくっついている部分を輪切りにする。
② 熱したフライパンにバターを入れて、中火で①を両面ソテーする。
③ 耐熱容器にAの材料をすべて入れてよく混ぜ、電子レンジで1分加熱する。
④ ソテーしたえのきたけの軸に③のソースを添える。

ぶなしめじ

おいしくって
味にくせのない人気きのこ

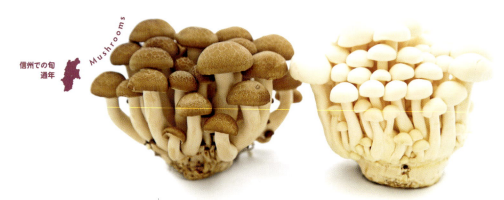

信州での旬
通年

選び方

かさが開きすぎず、ふっくらとしていて密集しているものが良品。色の濃淡は、味に関係ないようです。全体的に弾力があるものがよく、やわらかいものは鮮度が落ちます。軸が白くて太く、しっかりとしているかもチェック。

保存方法

パック詰めのまま冷蔵庫の野菜室に入れて3〜4日程度は保存できますが、早めに食べましょう。残った場合は水けをよくふき取ってからラップに包む。石づきをとって房を分けて保存用袋に入れて冷凍保存も可。調理の際はそのまま使います。

　長野県が生産量全国1位で、全国の40％以上を生産しています。秋に倒木や切り株などに群生するきのこ。しめじは「湿地」「占地」とも書き、湿地に生える、また一面にたくさん生えるという「占める」の2つの意味があるそうです。

　野生のものはかさが大きいもので15cmほどになり、瓶で菌床栽培されているものとはずいぶん違います。くせのない味わいで歯ごたえがあり、鍋物や炒め物など和洋中を問わずさまざまな料理に使えます。色が白い品種もあります。

　栽培施設では、温度と湿度が管理されていて、詰めこみ→殺菌→接種→培養→菌掻→発生・生育→収穫という流れで栽培されます。培養日数は80日前後で、瓶の中に詰まっている培地はオガ粉やコーンコブ、栄養源として米ぬかやフスマ、オカラなどが使用されています。

NAHO's Recipe

ぶなしめじと長ねぎと
ベーコンのケークサレ

 調理時間60分

> ケークサレはフランスのお惣菜パウンドケーキ。
> 卵やチーズの入った甘くない生地に肉や魚介、野菜を
> 加えて焼いたフランスの家庭料理。

栄養

食物繊維が豊富。ビタミンB_1やナイアシン、カリウム、またカルシウムの吸収を助けるビタミンDも含まれます。さらに日光（紫外線）を当てるとビタミンDに変換される「エルゴステロール」という成分も含まれるので、食べる前に日光に当てるといいです。「β-グルカン」は免疫力を高める作用、必須アミノ酸のリジンは日本人に不足しがちな栄養素といわれます。

材料：（パウンド型1個分）

- ぶなしめじ…100g
- ベーコン…30g
- 長ねぎ…1本
- 塩・こしょう…少々
- オリーブ油…少々
- モッツァレラチーズ…50g

《生地》

- 薄力粉…100g
- ベーキングパウダー…大さじ1
- 塩…少々
- 卵…2個
- 牛乳…100ml
- 好みのチーズのすりおろし…40g

how to

① 〈生地作り〉ボウルに粉類と塩、卵を入れ、泡立て器でよく混ぜる。さらに牛乳とチーズを加えてよく混ぜる。全体になじんだら、型に生地を流し入れる。

② ぶなしめじは石づきを取り小房に分ける。ベーコンは1cm幅に切り、長ねぎは斜め薄切りに。

③ フライパンにオリーブ油を熱してベーコンを炒める。焼き色がつきはじめたら、長ねぎとぶなしめじを加え、全体にこんがりと色づくまで炒め、粗熱を取る。

④ ①の型の中に、③を均等に流し入れ、モッツァレラチーズをちぎり上にのせる。180℃に温めたオーブンで30〜40分焼く。

なめこ

ぬめりが健康に役立つきのこ

選び方

褐色で身がかたく引き締まったもので、袋の膨張や水分ににごりのないものがいいでしょう。日が経つと、ぬめりが溶けてドロドロになり、色は暗くなってきます。

保存方法

袋詰めのまま冷蔵庫の野菜室で3〜4日は保存できますが、傷みやすいので注意。残った場合はラップフィルムで密封して冷蔵庫で保存。密閉された袋入りのなめこは、袋のまま冷凍も可。解凍は、凍ったまま加熱調理してください。

つるりとしたのどごしと歯ごたえが特徴。昔は、原木栽培でしたが、現在は、瓶を利用して1年を通じて栽培されています。洗いなめこは出荷時に水洗いしてありますので、そのまま加熱調理できますが、汚れが気になるときは、ざるに入れて流水で軽く洗いましょう。ぬめりを落とさない程度に軽く水洗いして、歯触りのよさを残すため加熱のしすぎにも注意します。

鍋料理、みそ汁など汁物でおなじみですが、和え物にもよく使われます。さっと湯通しし水けを切ったなめこと大根おろしを和えてポン酢で和えた「なめこのおろし和え」。ネバネバの長いもとなめこを和えても、ムチンたっぷりのおつまみになりますね。私のおすすめは「なめこ入り麻婆豆腐」。いつもの麻婆豆腐になめこを入れるだけ。つるんとした食感が楽しい一品です。

栄養

水分がおよそ95％と多く、カルシウム、鉄、銅、マグネシウムなどのミネラルを含みます。特有のぬめりは、ムチンという成分。じつはヒトの消化器などの粘膜の表面はムチンでおおわれていて、ムチンのヌルヌルが胃の壁の粘膜を潤して、胃潰瘍や胃炎の予防改善作用もあるといわれています。また血液サラサラになるという効果やβ-グルカンの制がん作用も注目されています。

酢とこしょうをしっかりきかせて。食欲をそそる一品できのこがたっぷり食べられます。

NAHO's Recipe
きのこたっぷりの酸辣湯（サンラータン）

調理時間10分

材料：（2人分）
- なめこ…1袋
- ぶなしめじ…100ｇ
- えのきたけ…100ｇ
- 豚バラ肉…50ｇ
- 鶏がらスープの素…小さじ1
- 水…600ml
- 塩…小さじ1/4
- こしょう…小さじ1/3
- 酢…大さじ2
- ごま油…小さじ1

how to
① なめこ、ぶなしめじは小房に分ける。えのきたけは3cmに切る。豚バラ肉は一口大に切る。
② 鍋に水、鶏がらスープの素、①を入れ火にかける。
③ 煮立ったら5～6分煮て、塩、こしょう、酢で味をととのえ、仕上げにごま油を加える。

NAHOの野菜をたくさんおいしく食べるコツ

夏はミニトマト、レタスがおすすめ

秋冬は長ネギ、サツマイモなど季節の野菜をたっぷりと!

具だくさん みそ汁

　忙しくて時間がないという人におすすめなのが、具だくさんみそ汁！わが家ではみそ汁は飲むのではなく、食べるというイメージ。箸が立つぐらい野菜をたっぷり入れます。長野県産でおすすめの具は、きのこ。食物繊維たっぷりでお通じも肌の調子もよくなります。複数のきのこを組み合わせるとうまみが倍増します。そのほか、旬に合わせて、いろいろな野菜を入れてみてください。さらに豆腐などのたんぱく質、わかめのミネラルを加えれば、みそ汁1杯で栄養バランスが整います。みそや豆腐に含まれる大豆イソフラボンは、肌にもいいと言われています。もちろんみそは、信州みそで。具だくさんのみそ汁は、忙しい朝におすすめです。

　みそ汁の作り方で注意したいのは、「みそは煮えばな」というように、風味を飛ばさないようにするため、みそを入れてから沸騰させすぎないこと。それは、みその乳酸菌や麹菌などを殺さず腸に届けるためともいえます。発酵食品などに含まれる菌や酵素は高温になってしまうと失活してしまうんです。

　塩分の摂りすぎが気になる方がいるかもしれませんが、かつおや煮干などでちゃんとだしを取ったり、野菜、きのこをたっぷり入れることで、素材からのうまみが出て、みそが少なくてすみます。また野菜やきのこにはカリウムが含まれ、塩のナトリウムを体の外に排出する働きがあります。

おしゃれに
ジャーサラダ

　ジャーサラダとはニューヨーク発、ジャー（保存ガラス瓶）に好きな野菜を詰めて作る話題のおしゃれなサラダ。作り置きができて、持ち運びもできます。お弁当にという方も見かけるようになりました。いつでもどこでも、たくさんの野菜が食べられていいですね。

「スプラウト」を使ったジャーサラダ

材料例
- スプラウト各種
- コーン
- チーズ（食べやすい大きさにカット）
- ミニトマト（1/4にカット）
- アボカド（食べやすい大きさにカット）
- 玉ねぎ（みじん切り）
- にんじん（千切り）
- ドレッシング

はつみつレモンドレッシング

材料：（2人分）
- レモン汁…大さじ1
- オリーブ油…大さじ2
- はちみつ…小さじ1
- 塩…小さじ1/4
- ブラックペッパー…少々

how to
すべての材料をよく混ぜ合わせる。

作り方のポイント

　ガラス瓶と蓋(ふた)は、熱湯消毒し、しっかり乾燥させておきます。はじめにドレッシングを底に入れます。次に、かための野菜（根菜、きゅうり）、豆、ナッツなどを先に入れて、トマトやアボカド、ゆで卵、チーズなどのやわらかめの食材は真ん中に、最後はスプラウトや葉物を詰めて、蓋をして出来上がり。隙間なく詰めていくのがポイント！色あざやかになるように野菜を選ぶといいですね。食べるときは、瓶をフリフリして混ぜてから、お皿に出しましょう。冷蔵庫で保存し、早めに食べましょう。携帯するときは、保冷バッグに入れて保冷剤をお忘れなく。

スプラウト

　植物の新芽のことで、おもにブロッコリー、レッドキャベツ、マスタード、クレス、大根、赤ラディッシュなどのアブラナ科系、緑豆、大豆、小豆、えんどう豆などの豆（もやし）系、玄米、ひまわり、そばなどの穀物系の種子が使われます。大根のスプラウトは、かいわれ大根。
　どれも栄養価が高い食材で、とくにブロッコリースプラウトは、がん予防効果が高いといわれている成分が豊富なことで話題に。私のお気に入りは、レッドキャベツスプラウトです。

豆腐ディップ　梅味
絹ごし豆腐（よく水切りする）…100g
梅干し…大2〜3個
みそ…小さじ1
ごま油…大さじ1

how to
梅干は種をとり、
すべての材料をミキサーにかける。

豆腐ディップ　柚子胡椒味
絹ごし豆腐（よく水切りする）…100g
だししょうゆ…大さじ2
オリーブオイル…大さじ1
柚子胡椒…小さじ1/4

how to
材料すべてをミキサーにかける

NAHOの野菜をたくさんおいしく食べるコツ

蒸し野菜

　蒸し野菜も私の定番です。ゆでたり煮たりすると水溶性ビタミンなどの栄養素が流れ出てしまいますが、蒸すという調理法は損失が少ないとされています。素材そのものの味を楽しむのに適しているので、野菜の甘味が引き立ちます。

　また素材の形が崩れにくく、均一に熱が通り、油を使わず調理ができるのでヘルシーに仕上がるなどいいことずくめです！

　フライパンに具材（さつまいも、にんじん、大根、ブロッコリー、きのこなど）を重ならないように並べ、水200mlほどを入れて、蓋（ふた）をして弱火から中火でやわらかくなるまで蒸しましょう。5〜10分して、やわらかくなったものから取り出します。電子レンジでも手軽にできます。耐熱容器に食べやすくカットした野菜を入れて、水を少量振りかけ、ふんわりとラップをかけて、電子レンジ（ブロッコリー、パプリカ、にんじんなら600wで5〜6分ほど）加熱。シリコン製スチーマーやタジン鍋などの便利グッズもたくさんあります。

くるくるベジヌードル

　ピーラー（皮むき器）でそぎ切り。細長くリボン状にスライスします。大根やにんじん、ズッキーニ、きゅうりなどで、カラフルなリボンサラダができます。鍋にもぴったりで、薄いので早く火が通りますし、味も早く染みこみます。

　また、「スパイローリー」「ベジスパイラルスライサー」「クルル」などの名称で販売されている野菜を麺状にカットする機械を使えば、細く長く切れて、野菜のパスタができちゃいます。くるくると回すだけなので、お子さんも喜んでお手伝いしてくれるかも。

　切り方が違うだけで、野菜が大変身！野菜が華やかに、新しい食べ方ができます。もりもり食べられますよー。

伝えるということ、おいしいということ

　野菜・果物にはたくさんの魅力があります。名前、形、色、味、産地、栽培方法、作り手のこだわり、用途、調理法、機能性（栄養）など。その多くは、伝えないと相手に伝わりません。たとえば、ヤーコンという野菜。見た目はサツマイモのような形ですが、色は土色。ちょっと地味です。「このヤーコン、おいしいですよー」と販売していたとします。ヤーコンを初めて見る人は買うでしょうか？「どう、おいしいのだろうか？」「どうやって食べたらいいのだろうか？」と思うことでしょう。「ヤーコンは、甘くてシャリシャリしていて汁が滴るほどジューシー。まるで梨のような野菜です。生でも食べられます」と言ったら、足を止める方もいらっしゃることでしょう。

　私はかつてグルメコーナーのレポーターをしていたことがありました。その際、番組プロデューサーから「おいしい」禁止令が出ました。しゃべり手としてひよっ子の私はボキャブラリーが少なく、「おいしい」を連発していたからです（笑）。視聴者が知りたいのは、どうおいしいのかということ。私も「おいしい」しか言わないレポーターをテレビで見かけたら、「どんな味なんだ」と突っこむことでしょう。おいしい以外の言葉を使って表現しなければなりません。どうやっていおうかと思い悩みながら食べていると、難しい顔になってしまいます。

　そこで有名なグルメレポーターさんたちの放送を見るようにしました。「とろける」「まろやか」「香ばしい」「さわやかなのど越し」「コクがある」「ほっぺが落ちそう」……、辛さを表現するだけでも「激辛」「ピリ辛」「スパイシー」「ほどよい辛味」「刺激的」「マイルドな辛味」などさまざまな表現があることがわかりました。日本語の奥深さに感激したものです。五感をフルに使って、視覚、聴覚、嗅覚、触覚、味覚、味だけでなく伝えるべき点はあるものです。なにより、食べたときの表情、歓喜のため息など、言葉以外で語ることも大切だと。

私たちが「おいしい」と感じるのは、さまざまな要素で成り立っています。味ばかりでなく、「食事環境」（ひとりで食べる、大勢でわいわい、きれいなレストラン、畑でもぎ取って食べるなど）、「食文化、食生活」（食べ慣れているものなのか、初めて食べるなど）、「心身の状態」（元気なとき、体調不良、悩みがある、おなかが空いているとき、満腹など）、によって、同じものを食べたとしても不思議なことにおいしさの感じ方は異なります。

　子どもの野菜嫌いの克服方法のひとつに、その野菜を家族みんなで「おいしい、おいしい」と言って食べていると、自然と食べてみようという気持ちになって、食べられたという事例があります。また、保育園で自分が栽培した野菜を自分たちで料理したら克服できたという話も聞いています。無理やり食べさせると余計に嫌になりますよね。トラウマになります。食事環境が克服の一助になるかも。

　さらには、情報もおいしさにつながります。どんなふうに栽培しているのか、こだわりやご苦労を知ると、さらにその農産物がおいしく感じられます。作った人を知ることで、安心にもつながりますね。農家さんも食べた人から「おいしかった」と言われるのは、とてもうれしいこと。直接農家さんとお話をする機会というのは少ないと思いますが、直売所や農家さんのイベント、観光農園などで、積極的に声をかけてもらえればと思います。農家さんの畑や田んぼに見学に行ってもいいかもしれませんね。

　また、これは「農林水産大臣賞を取ったりんごです」とか、これは「じつは東京では1万円で販売されているぶどうです」なんて聞くと、ありがたみも増し、「へー、すごい、だからおいしいんだー」なんて、気分になったりします。おもしろいですね。

　みなさん、おうちでの食事では、ちゃんと「おいしい」って言っていますか？
　さきほどのリポーターのような感想を言ったら、ちょっとびっくりされちゃいますが、おいしいときには「おいしい」と伝えましょう！言わなければ相手に伝わりません。また、食べ方もおいしそうに食べると、見ているほうもおいしくなります。ですから、言葉だけでなく、表情であらわすことも大切なんです。

　農産物の販売の際もそう。どんなふうにおいしいのか。どうしておいしく作ることができるのか。農家さんもぜひ情報を発信してくださいね。

野菜・果物のパワー——栄養の話

野菜・果物を摂ろう!

　厚生労働省では健康のために成人が1日に摂るべき野菜の量は350gとしています(「健康日本21」より)。また果物は200gとなっていますが、実際の野菜の摂取量は全国平均で286.5g(平成24年度)と残念ながらかなり不足しています。しかし、私の住む長野県は野菜の摂取量日本一の379g!そして長寿日本一!野菜の摂取量が多いことが長生きの秘密のひとつだとも言われています。身近に新鮮な野菜や果物が豊富にあることが自慢です。

成人1日の摂取目安量
【厚生労働省「平成24年 国民健康・栄養調査」】

野菜 350g	フルーツ 200g
(全国平均286.5g)	(全国平均108.5g)

野菜&果物のおもな栄養素

ビタミン
体の調子を整える働きがあります。体内では充分に合成されないため、食事から摂る必要があり、不足すると欠乏症が起こります。

ミネラル
体の構成成分で、骨格の形成や体の機能を維持する働きがあります。必要量は少ないのですが、食事から摂取する必要があります。

食物繊維
人の消化酵素では消化できない食物中の難消化性炭水化物。排便を促し、腸内環境を整えます。

フィトケミカル
植物が紫外線や有害物質、害虫などから自身を守るために作る物質で、植物に含まれる化学物質の総称がフィトケミカル。野菜、果物などの植物に、色、香り、苦味、辛味成分として存在し、全部で数千種類とも。抗酸化作用が期待されています(ブルーベリーの紫・アントシアニン、トマトの赤色・リコピン、お茶の渋味・カテキン、タンニンなど)。

酵素
細胞の中から作り出されるたんぱく質の一種で、生きるうえで欠かせない物質。酵素は人間の体内でも作られますが、体内で作られる酵素は年齢とともに減少します。酵素の役割は多岐にわたり、食べ物を消化、吸収、代謝、排泄(はいせつ)する働きのほか、ホルモンバランスを整えたり、新陳代謝の促進をしたりと、さまざまな働きや効果があります。生野菜、果物、海藻、発酵食品など、加熱調理されていない食べ物には酵素が含まれており、これら酵素がたっぷりと含まれた食品を食べることで体内での消化を助け、体内で生成される酵素を無駄づかいしない健康法が注目されています。酵素は熱に弱く、熱を通した食べ物では酵素が失活してしまっています。酵素の働きを期待するなら、生の物を食べることがおすすめです。

旬の野菜・果物を食べることは理にかなっている

野菜は、季節とともにそれぞれの「旬」を迎えます。自然のエネルギーがその時期に産み出す食べ物は味が充実し、栄養成分が豊富。昔から季節の食べ物を体に取り入れることは生命力を高めるともいわれてきました。旬の野菜や果物は、その時期の体の不調を改善する働きが期待されています。また大量に出回り、安価で手に入れることができます。旬を上手に取り入れて、「四季の食卓」をおおいに楽しみましょう！季節の野菜を食べることは、理にかなっているのです。

春

あざやかな緑色の野菜が多く、芽吹きの香りが春の訪れを感じさせてくれます。新芽にはパワーがいっぱい。また苦味のある山菜が多いですね。冬は寒いため、活発に動くことも少なく、汗もかかず、夏に比べて老廃物がためこまれます。山菜の苦味・渋み・アク成分は抗酸化物質のポリフェノールです。冬の間にたまった老廃物を排出し、低下していた新陳代謝をアップさせたり、細胞を活気づけて春の体へ。苦味野菜の香りは、自然の精神安定剤で、ストレスを改善に役立ちます。食欲を増進させ、消化吸収を促進させる働きもあるようです。

夏

トマト、ナス、きゅうりなどの夏野菜には、ほてった体を冷やす作用があり、水分もたっぷり。夏の水分不足は、脱水症状や熱中症の原因になります。夏バテに負けないように食欲不振の改善やスタミナアップに働くものが多くあります。暑さで奪われやすいビタミンCも豊富です。また、オクラやモロヘイヤなどのぬるぬるネバネバ成分である「ムチン」は、胃の粘膜を保護したり、たんぱく質の消化吸収を助けるほか、疲労回復や肌の老化防止などさまざまな作用があるといわれています。

秋

自然の恵みをたっぷりといただける時期。穀類やイモ類、果物など甘みのある食材が多くあります。寒さから身を守るために、栄養や甘みをたくわえて中身が充実。夏の暑さで疲れた胃や腸の調子を整えたり、寒さに備えてエネルギーを蓄積する働きを担っています。とくに信州の秋は、フルーツの季節。果物には、体調を整えるビタミン類やエネルギー源となる果糖、ブドウ糖が多く含まれています。運動後にも役立ちますので秋の運動会や行楽のお供にも最適。

冬

冬野菜には、土の中で育つ根菜類があります。食物繊維を豊富に含み、便秘予防や身体を温めるなどの働きがあるといわれています。また長ねぎ、春菊、小松菜、ほうれんそうなどの葉物野菜は、ビタミン類が豊富で、風邪予防や美肌作りにおすすめです。いろいろな冬野菜をバランスよく食べるなら鍋料理が最適！野菜に含まれる栄養素には水溶性のものがあります。煮汁までいただける料理なら、溶け出してしまった成分もしっかり取ることができます。また乾燥させた野菜や果物を活用するのも信州の冬ならではの知恵です。

野菜ソムリエについて

日本野菜ソムリエ協会が認定する資格

3段階のコースに分かれています。

野菜・果物の魅力を伝えるスペシャリスト

　野菜・果物のさまざまな知識（目利き、保存方法、栄養価、料理方法など）を身に付け、そのおいしさや楽しさを理解し伝えることができるスペシャリスト。また、生産者と生活者の架け橋となることを使命として、活動をしています。自らの食生活に活かすことはもちろん、料理教室、食育活動、講演会、コラム執筆、レシピ提案など、活動内容は千差万別で多岐にわたります。

野菜ソムリエになったわけ

　私は、長野県で生まれ育ちました。幼少期はひいおばあちゃん、おばあちゃんも同居し、家庭菜園で採れた野菜や果物で郷土料理や漬物などを作ってくれていました。父が無類の野菜好きで、「お野菜」と、「お」をつけるほど！そして、「1口30回、よく噛んで食べること」とよくいわれました。大家族でそろって食卓を囲み、食育満載のわが家でした。それが当たり前になっていて、ありがたさに気づいたのは大学生になってから。大学時代は東京に出ていましたが、東京のスーパーで買う野菜や果物は実家で食べていたものとなんだか違う……、今まで本当に新鮮でおいしいものを食べていたんだと、そのときに気づいたんです。よく聞くエピソードですが、信州では鮮度が落ちて水分が抜けふかふかしたりんごのことをボケているといいます。都会の人は、ふだんボケたりんごしか食べたことがなくって、新鮮なシャキシャキしたりんごに感動したり、蜜が入ったりんごを腐っていると勘違いしたりという話も聞きます。

　また、下手ではありますが、フットサルをしたり、ジムに行ったり、体を動かすことがライフスタイルになっています。これも小さなころからの食生活の積み重ねのおかげかなと思っています。

　今では考えられませんが（笑）、じつは子どものころは、おとなしく、人前で話すのが苦手でした。ひとりで本を読んだり、ラジオを聴いたり。そうしたメディアを通して世界が広がり、新しいことを知ることが好きでした。小学校の朗読発表会で、「声が大きくてはっきりと読めた」とほめられたことがうれしく、自信になり、それから人前で話すことが好きになり、自分が知り得た情報を感動を伝えたいとアナウンサーが夢になりました。そして大学卒業後、しゃべる仕事に就くことができました。

　アポイントメントなしで、畑におじゃまするというテレビコーナーを担当していたことがありました。そこでのなるほど！すごい！という感動体験が今の私の根底にあります。

　たとえば桃の木の幹に白いペンキがあちこち塗られていました。なんだと思います？日焼け対策なんです。炭酸カルシウムでできたホワイトパウダー。動植物に害はありません。また、りんごの葉摘みをなぜするのか？それは果実の周囲に繁る葉を摘むことで、果実全体に日光が当たるようになり、果実の表面がむらなく赤く色づくのです。手間のかかる作業ですが、なんのためにするのか知らない人も多く、こうした話を聞いて私も感動したものです。

野菜ソムリエについて

長野県内初の野菜ソムリエとして

　そうして出合ったのが野菜ソムリエという資格です。勉強していくうちにすっかり野菜・果物に対する愛情が深まり、長野県で初となるシニア野菜ソムリエになりました。みるみるうちに、自分自身の体もより健康により引き締まってきました。

　農家さんにとっては当たり前のことでも、生活者にとっては知らないことばかり。でも知ることで、より野菜・果物に愛着がわく。話し手として、野菜ソムリエとして、農家さんからそうした話を引き出し、お伝えていくことが私の役目なのかなと思いました。

　今後は、食と農業を一体的に捉えられるように、畑の中に建物を作り、畑で収穫体験をし、採れたての野菜や果物を使って料理を作る、そこで農園料理教室を開いたり、カフェの機能を持つコミュニケーションスペースを作りたいと考えています。

　その第一歩として、畑で収穫体験と料理教室を開催しました。農家さんの話を聞きながら収穫し、畑の隣のテントで調理。野菜でブーケも作り、テーブルに飾ってパーティーをしました。まさに食のエンターテイメント！農業が身近に感じられたと、とても喜ばれました。継続していきたい活動のひとつです。

　また、地元のサッカーチーム「AC長野パルセイロ」を応援するラジオ番組のパーソナリティをしていることから、スポーツと農業・食を結ぶことにも関心があります。

　さらには農業女子の輪を広げていきたい……夢は尽きません。

おわりに

　野菜ソムリエになってから野菜・果物を通じて、農家さんをはじめ大勢の方々と出会うことができました。不思議なことにご縁がどんどんとつながっていきます。今回の本の出版についても、まさに出会いからでした。しなのき書房の林社長に初めてご挨拶をしてから早1年。スローペースな私を温かく見守っていただきました。長野市在住のカメラマンでフードスタイリストの綿貫みどりさんとの撮影は、毎回楽し過ぎて、終了時は寂しくて仕方ありませんでした。野菜や果物、料理を見事にすてきに、よりおいしそうに、かわいらしく、時にはかっこよく、撮ってくださいました。デザイン担当の平林美穂さんは、上田市出身の若手デザイナー。信州の野菜・果物の魅力が存分に伝わる洗練されたデザインとなりました。そして、農業女子でもある女優の滝沢沙織さんには、すてきな推薦の言葉をいただきました。ありがとうございました。

　信州の若手？女性3人のタッグで、女性ならではの感性が活かされた本になったのではないかと思います。

　私の好きな言葉、大切にしている言葉は「ありがとう」です。愚痴や泣き言、不平や不満を言わず、いつも感謝の気持ちを持てたらいいなと思っています。健康に1日無事過ごせてありがとう。今日もご飯が食べられてありがとう。おいしい野菜・果物を作ってくださる農家さんにありがとう。世の中は「ありがとう」だらけですね。そして、何事も楽しもう！ということ　をモットーとしています。どんなことも楽しめたら、長続きすると思うからです。健康も美容も毎日の生活の積み重ね。どうか、この本が「野菜・果物を楽しもう！」というきっかけになったらと願います。

　本に携わってくださったみなさん、この本を読んでくださったみなさん、本当にありがとうございました。

NAHO

文&調理	NAHO
写真&フードスタイリング	綿貫みどり
ブックデザイン	平林美穂（heirindo）

《 参考文献 》
『もっとからだにおいしい野菜の便利帳』
　白鳥早奈英・板木利隆監修（高橋書店・2009）
『からだにおいしい キッチン栄養学』
　宗像伸子監修（高橋書店・2012）
『食品解説つき 新ビジュアル食品成分表　新訂版』
　新しい食生活を考える会著（大修館書店・2011）
『恋野菜れしぴ』
　長野県栄養士会編（信濃毎日新聞社・2011）
『やさい歳時記』
　藤田智監修（成美堂出版・2007）
『科学が証明！エノキダイエット』
　江口文陽著（メディアファクトリー・2011）
『おいしさの表現辞典』
　川端晶子・淵上匠子編（東京堂出版・2006）
『信州「畑の花」』
　栗田貞多男・市川董一郎・山岸茂晴（信濃毎日新聞社・2008）

《 Special Thanks（敬称略・順不同）》
寺沢順一、長谷川正之、三木一浩、JA長野県、長野県農政部農産物
マーケティング室、須坂市農林課、一般社団法人日本野菜ソムリエ協会、
野菜ソムリエコミュニティながの、長野市民新聞株式会社、
信越放送株式会社、田尻木材株式会社、チームヤマッカ、
信州須坂太田農園　ほか多くの方々にお世話になりました。

信州の菜食健美

2015年11月22日　第1刷発行

著者	NAHO
発行人	林佳孝
発行所	株式会社しなのき書房 〒381-2206 長野県長野市 青木島町綱島490-1
電話	026-284-7007
FAX	026-284-7779

http://shinanoki.net/

印刷・製本　大日本法令印刷株式会社

©NAHO 2015　Printed in Japan

ISBN 978-4-903002-48-4

本書の無断転載・複製を禁じます。
乱丁・落丁本はお取り替えいたします。

Team Yamacca

野菜革命勃発中！

ヤマッカはおいしい野菜や果物の宝庫です

チームヤマッカとは？

ヤマッカは長野県の北信地域、標高約800mの中山間地にあります。冬は超豪雪地帯、夏は誰もがうらやむ超避暑地。豊かな大地と気候が育むこの土地で、おいしい野菜や果物を生産・販売しているチーム、それが私たち**「チームヤマッカ」**です！

少数精鋭のチームですが、山で採れたものや手塩にかけて育てた野菜や果物は味が濃く、とても甘みがあるのが特徴です。春は「山菜」、夏は「たけのこ」や「とうもろこし」に「ブルーベリー」、また秋は「きのこ」や「じゃがいも」に「りんご」、そして冬は「お漬物！」。北信地域ならではの伝統野菜なども栽培しております。

ヤマッカの野菜果物を食べたら、あなたも「野菜革命」が起きちゃうかも？！

チームヤマッカ代表　綿貫みどり

愛知から長野に嫁いで来て早○年……ヤマッカの野菜果物があまりにもおいしくて、今もなお「野菜革命」勃発中。野菜果物の魅力をもっとたくさんの人に知ってもらいたいと思い、野菜ソムリエを取得。レシピ考案からフードスタイリング・撮影等を得意としています。

チームヤマッカの情報、野菜果物のレシピ等絶賛掲載中！！
チームヤマッカブログ：
http://ameblo.jp/team-yamacca/